HBJ ESTRELLAS DE LA LITERATURA

AYER Y HOY

AUTORES

MARGARET A. GALLEGO
ROLANDO R. HINOJOSA-SMITH
CLARITA KOHEN
HILDA MEDRANO
JUAN S. SOLIS
ELEANOR W. THONIS

HBJ HARCOURT BRACE JOVANOVICH, INC.
Orlando Austin San Diego Chicago Dallas New York

Acknowledgments

For permission to reprint copyrighted material, grateful acknowledgment is made to the following sources:
Doncel: "Himno al árbol" by Juan Zorrilla de San Martín, "Visión de antaño" by Hernán Velarde, "El cazador y pantera" by V.M. Pérez Peroso, "Las siete vidas de un gato" by Rafael Pombo, "Todo en su sitio" by Gloria Fuentes, and "Los dos conejos" by Tomás de Iriarte, from *Historia y antología de la literatura infantil iberoamericana.* Copyright © by Doncel. Published by Doncel, Madrid, Spain.
Ediciones SM: El muro by Ángel Esteban. Copyright © 1989 by Ediciones SM. Published by Ediciones SM, Madrid, Spain.
Librería Hachette, S.A.: "Papirolas" by Juan Bautista Grosso from *Reír cantando.* Copyright © by Librería Hachette, S.A. Published by Librería Hachette, S.A., Buenos Aires, Argentina.
Laredo Publishing Company, Inc.: "La princesa figurina" and "El porqué de los nombres" by Patricia Lara from *Voces de mi tierra.* Copyright © 1993 by Laredo Publishing Company, Inc. Published by Laredo Publishing Company, Inc., Torrance, California.
Laredo Publishing Company, Inc.: El Reino de la Geometría by Alma Flor Ada. Copyright © 1993 by Alma Flor Ada. Published by Laredo Publishing Company, Inc., Torrance, California.
CELTA Amaquemecan: ¡Qué ruido! by Aliana Brodman and Hans Poppel. Original title *Ein Wündlicher Rat* published by Ellerman Verlag, Munich, Germany © 1989. Spanish translation by CELTA Amaquemecan, Amecameca, México © 1990.
Ediciones Júcar: Un gato viejo y triste by Jesús Zatón. Copyright © by Ediciones Júcar. Published by Ediciones Júcar, Madrid, Spain.
Ediciones SM: Un hatillo de cerezas by María Puncel. Copyright © 1985 by Ediciones SM. Published by Ediciones SM, Madrid, Spain.
CONAFE: El lobo mexicano by Arturo Ortega. Copyright © 1991 by CONAFE. Published by CONAFE, México D.F., México.
Editorial Pax-México: "Adivina, adivinador" by José Sebastián Tallón, "Canción de cuna" by Amelia Ceide, from *Antología de la poesía infantil.* Copyright © 1974 by Editorial Pax-México. Published by Editorial Pax-México, México, D.F., México.
CELTA Amaquemecan: Tianguis de nombres by Gilberto Rendón Ortiz and Antonio Helguera. Originally publishe by CELTA Amaquemecan, Amecameca, México © 1990.
Editorial Labor, S.A.: "El silencio" by Federico García Lorca from *Canciones y poemas para niños.* Copyright © 1975 by Editorial Labor, S.A. Published by Editorial Labor, S.A., Barcelona, Spain.
SITESA: Cuentos de un Martín Pescador by Martha Saltrías de Porcel. Text copyright © 1988 by SITESA. Published by SITESA, México, D.F., México.
CELTA Amaquemecan: Benjamín y la historia de las almohadas by Stephane Poulin. Original title *Benjamin et la saga des oreillers* published by Annick Press, Toronto, Canada © 1988. Spanish translation by CELTA Amaquemecan, Amecameca, México © 1990.
Fondo de Cultura Económica: "Almanaque" by Salvador Novo from *Poesía de Salvador Novo.* Copyright © 198 by Fondo de Cultura Económica. Published by Fondo de Cultura Económica, México, D.F., México.
Siglo XXI Editores, S.A.: "Celebración de la fantasía" by Eduardo Galeano from *El libro de los abrazos.* Copyrig © 1989 by Siglo XXI Editores, S.A. Published by Siglo XXI Editores, S.A., Madrid, Spain.
CELTA Amaquemecan: El misterio del tiempo robado by Sarah Corona and Martha Avilés. Originally published t CELTA Amaquemecan, Amecameca, México © 1991.
CIDCLI, S.C.: Las tres manzanas de naranja by Ulalume González de León. Copyright © 1988 by CIDCLI, S.C Published by CIDCLI, S.C., México, D.F., México.
Every effort has been made to locate the copyright holders for the selections in this work. The publisher would b pleased to receive information that would allow the correction of any omissions in future printings.

continued on page 3

Querido amigo:

En este libro te encontrarás con nuevas situaciones y conocerás una gran variedad de personajes. Una familia de figuras geométricas se une para encontrar su libertad. Una niña pierde un viejo amigo. Un hombre usa la imaginación y la paciencia para ver lo que se esconde detrás de un muro. Un campesino le pide consejos a un sabio para que la vida en su casa sea más calmada. Y, claro, un joven humilde se enfrenta al rey para ganarse la mano de la princesa que lo quiere.

También aprenderás que el lobo de México está desapareciendo. ¿Qué podemos hacer para que esto no ocurra?

Las puertas se abren en este libro para que conozcas un mundo entero.

¡Suerte!

Los Autores

LA VIDA ENSEÑA / 74

5

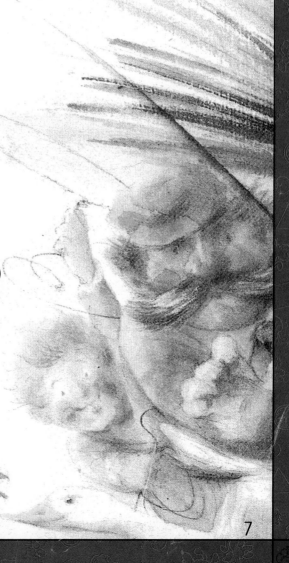

TEMA

JUNTOS PODEMOS

¿Alguna vez pediste la ayuda de otro para superar un obstáculo? Vamos a conocer a un hombre que consigue ayuda para satisfacer su curiosidad.

También conocerás a la gente de un lugar que encontraba interesantes y divertidas sus diferencias, hasta que vino alguien a "poner orden" y a acabar con la alegría.

ÍNDICE

Himno al árbol

Plantemos nuestros árboles, la tierra nos convida:
plantando cantaremos
los himnos de la vida;
los cánticos que entonan las ramas y los nidos,
los ritmos escondidos
del alma universal.

Plantar es dar la vida al generoso amigo
que nos defiende el aire,
que nos ofrece abrigo;
él crece con el niño, él guarda su memoria,
en el laurel es gloria
en el olivo es paz.
El árbol tiene un alma que ríe entre las flores,
que piensa en sus perfumes,
que alienta en sus rumores;
él besa con la sombra de su frondosa rama,
él a los hombres ama,
él les reclama amor.

La tierra sin un árbol está desnuda y muerta,
callado el horizonte,
la soledad desierta;
plantemos para darle palabras y armonías,
latidos y alegrías,
sonrisas y calor.

Protejamos el árbol que planta nuestra mano;
los pájaros aniden
en su ramaje anciano;
y canten y celebren
la tierra bendecida
que les infunde vida,
que les prodiga amor.

Juan Zorrilla de San Martín

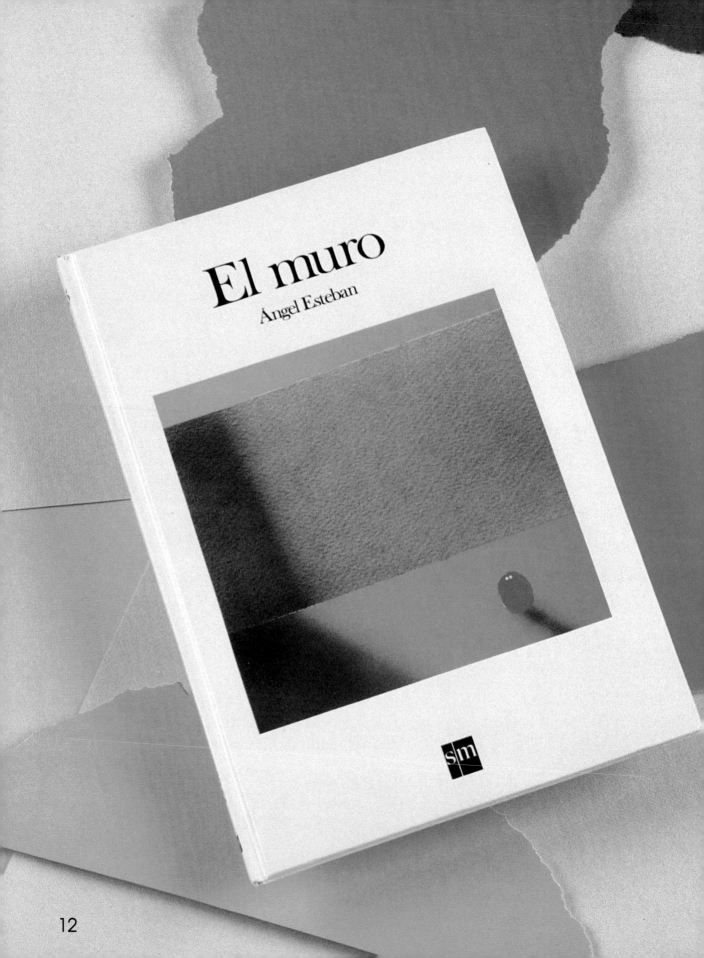

13

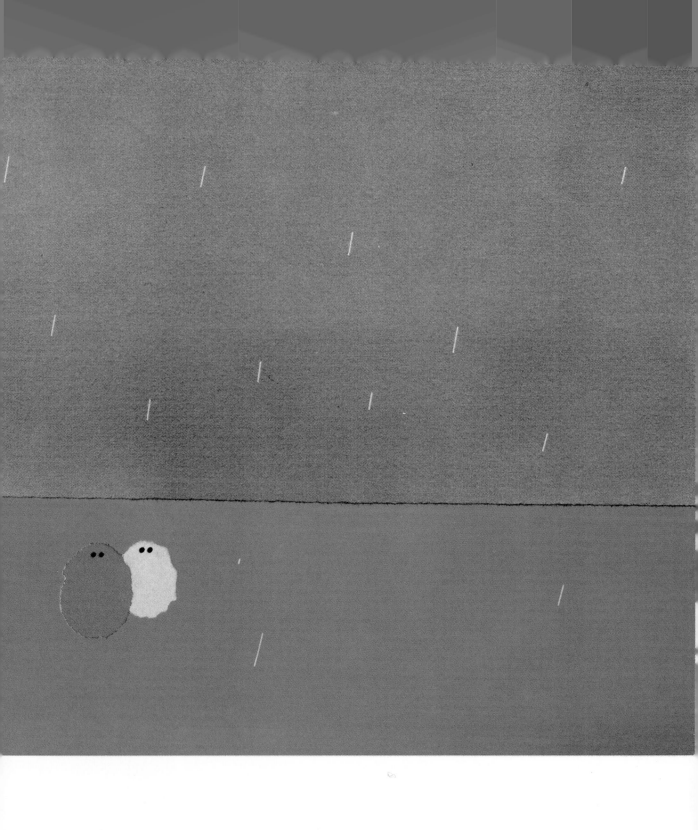

Era aquél un lugar agradable.

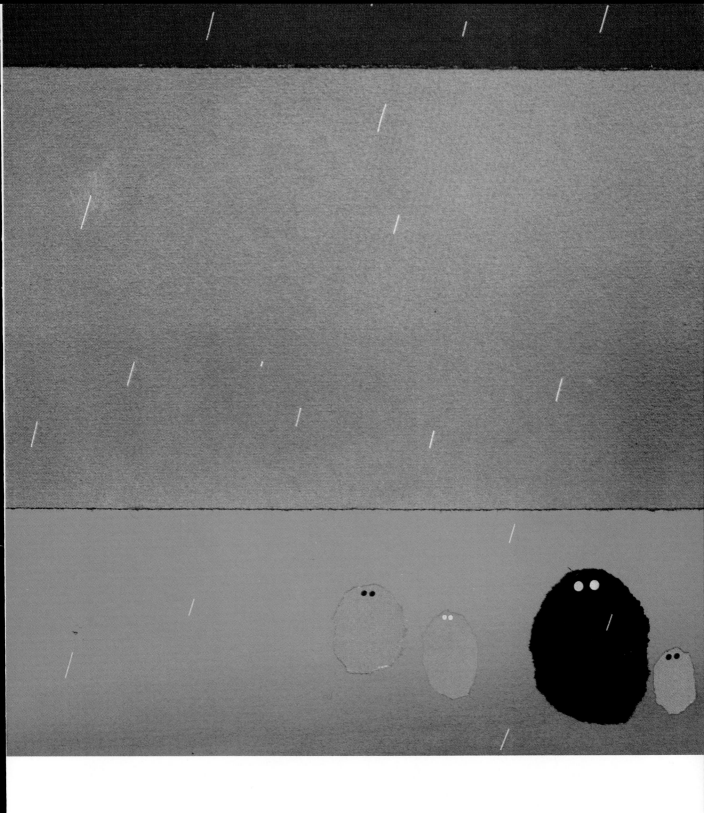

Llovía durante el tiempo necesario para que crecieran las flores y la hierba.

El invierno no era demasiado frío ni largo.
El verano, tampoco muy caluroso.

Por un lado se alzaban grandes montañas.
Tras ellas, el mar, azul en verano y gris en invierno, siempre inmenso.

Por el otro lado había un muro alto, y tan largo que no tenía final conocido.
Estaba allí antes de que existiera la aldea y formaba parte del paisaje.

La primera vez que él vio el muro no se hizo ninguna pregunta; sólo sintió una rara sensación que no supo explicar.

Recorrió varias veces el largo camino que separaba la aldea de la gran
pared.

Mucho tiempo después, descubrió que aquella extraña sensación era simplemente el deseo de ver lo que había detrás del muro.

Un día se propuso hacer realidad su sueño.

Primero caminó en dirección Norte buscando el final, pero no lo halló.
Más tarde lo intentó en dirección contraria, y tampoco tuvo éxito.

Entonces decidió escalarlo, pero fue inútil.

Él se quedó junto al muro. Pasó allí muchos días sin saber qué hacer.
Un día de aquellos tuvo una loca idea, que no tardó en poner en práctica.

Plantó una semilla junto a la pared, con la esperanza de que más tarde surgiera un árbol.

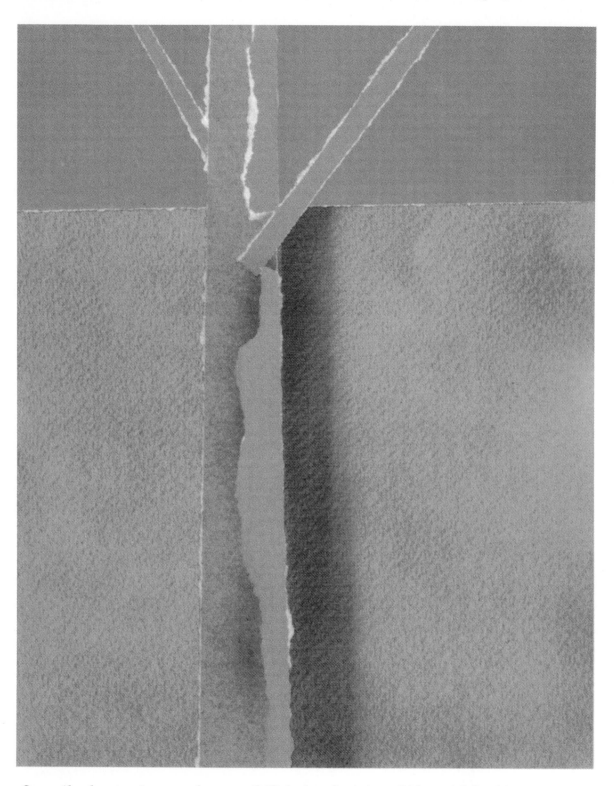

Sus cálculos tenían muchas posibilidades de éxito. Si lo cuidaba bien, crecería lo suficiente para soportar su peso y ver desde las ramas el otro lado del muro.

En la siguiente primavera, la semilla brotó fuerte y vigorosa.

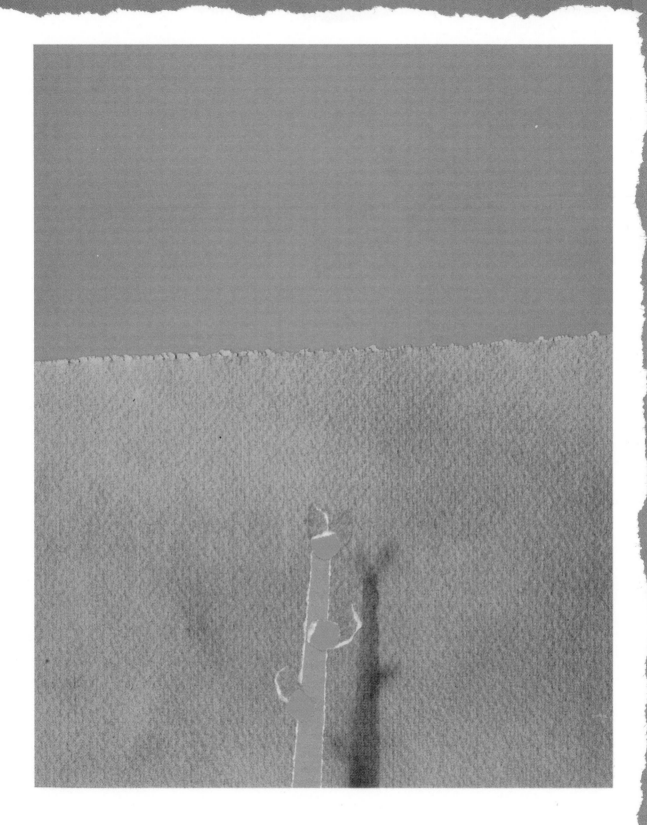

La rama se fue haciendo grande. En la tercera primavera crecieron flores junto a las hojas.

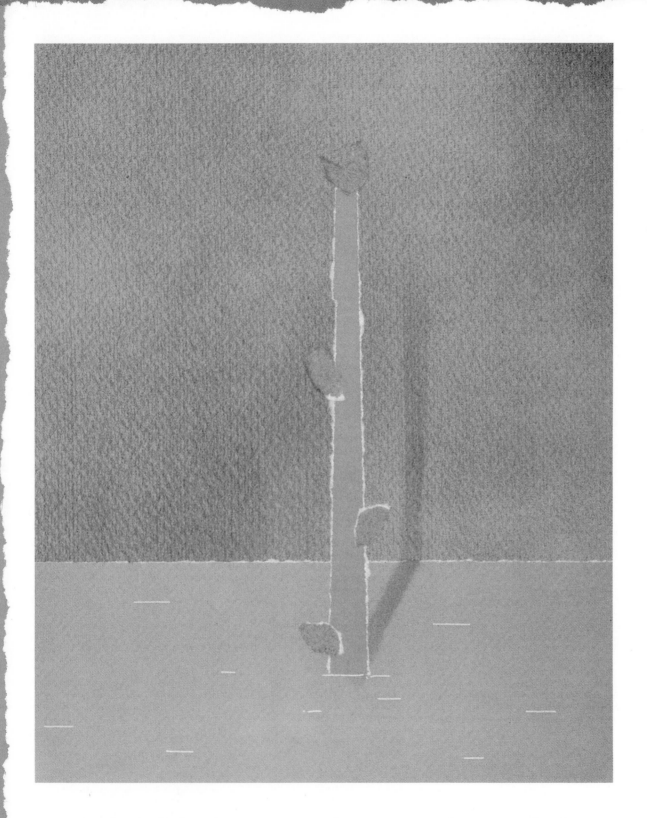

En la sexta, el árbol tenía un tronco tan fuerte y unas raíces tan profundas, que resistió el desbordamiento del río y el viento de un huracán.

Pero mientras el árbol se alzaba hacia el cielo, él envejecía y, lentamente, su vida se acercaba al final.

Cuando ese día fuera a llegar, sería advertido de algún modo. Hasta entonces no treparía por sus ramas hacia lo alto.

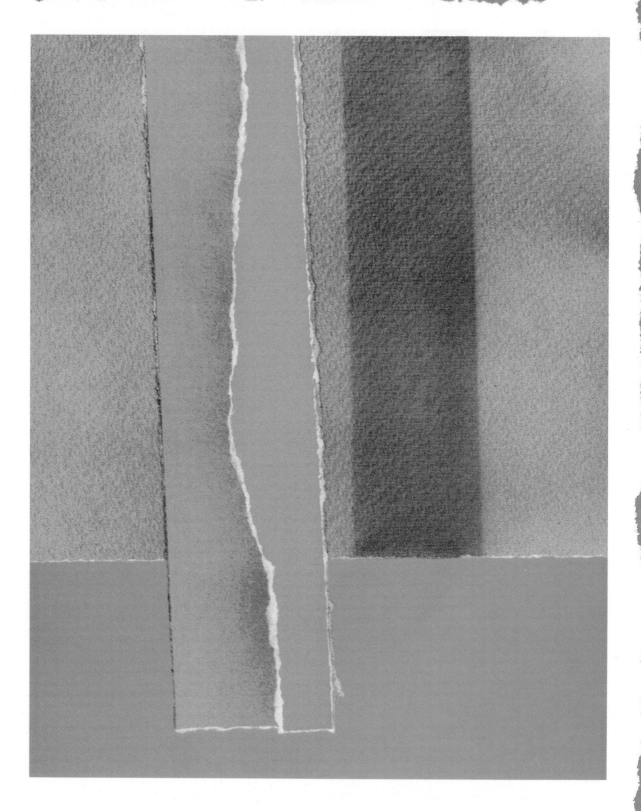

Tenía que ser paciente y dejar que las ramas se desarrollaran lo suficiente para resistir su peso. No podía correr riesgos.

Y ese día llegó. Él trepó trabajosamente por el tronco.

En ciertos momentos creyó que no lo conseguiría, pero al cabo de varios días alcanzó la rama más alta.

34

Su mirada correteó por el paisaje nuevo.

No se sabe qué vio al otro lado; tal vez otro mar, o campos verdes, o quizá sólo tierra estéril.

Lo importante era que el muro ya no ocultaba nada a sus ojos; era como si lo hubiera derribado.

El trabajo de años, el amor y la paciencia para cuidar el árbol, le habían dado el mejor premio: la libertad.

¿QUÉ TE PARECE?

1. ¿Crees que es importante saber lo que hay al otro lado del muro? ¿Por qué?

2. ¿Cómo logró el personaje llegar al otro lado?

3. ¿Habrías tenido la paciencia de esperar tanto tiempo por algo?

ESCRIBE EN TU DIARIO

Escribe sobre lo que te ayudaría a alcanzar algo que deseas mucho.

¡Ay quién fuera pajarito!

¡Ay quién fuera pajarito!
¡Ay quién fuera pajarito
para saltar esa tapia
y dar a mi madre un besito!

Luis de Coloma

De semilla a árbol

Si la tierra está fértil, es decir tiene minerales y nutrientes, y además recibe una buena cantidad de luz, al plantar una semilla y regarla, ésta comienza a crecer y crecer. Pronto crecerá más gracias a que puede producir sus propios alimentos con sustancias que obtiene del agua, del aire y de la misma tierra fértil.

Las plantas crecen hacia arriba y hacia los lados, es decir, se ensanchan. Sus raíces crecen hacia abajo y el tallo crece hacia arriba, por la parte superior. Es en la parte superior del tallo donde crecen las ramas.

¿Alguna vez sacaste la corteza de una ramita? Debajo hay una capa verde; son células del árbol, ¡están vivas! Son las células del cambium; dentro de ellas se forma la madera. En el exterior se forman las células de la corteza y las que llevan el alimento.

¿Has visto alguna vez el tronco de un árbol cortado horizontalmente? Los anillos que ves son anillos de crecimiento. Si cuentas estos anillos puedes decir aproximadamente la edad que tenía el árbol cuando lo cortaron.

Tú puedes ayudar a que los árboles crezcan más.
Durante la sequía de verano, riega los árboles después
de la puesta del sol; vierte el agua lentamente. También
puedes plantar hierbas u otras plantas alrededor de los
árboles o cubrir la tierra con astillas de madera para
mantener la humedad. El árbol te lo agradecerá dándote
unas hojas verdes y brillantes y muy buena sombra.

PAPIROLAS

—¿Es un arte?
¿Es un saber?
¿Es un juego
el hacer
papirolas?
Mira, toma
este papel,
haz con él
un doblez:
—¡Qué emoción,
ya se forja la ilusión!
—Adivina,
¿qué será?

—Tal vez . . . quizá . . .
¿Una liebre?
¿Un caracol?
¿Una abeja?
¿Un hurón?
—Con paciencia,
con tesón,
empezamos
a doblar
las hojitas
de papel.

¿Qué será?
—Tal vez . . . quizá . . .
¿Una mosca?
¿Un gorrión?
¿Un lagarto?
¿Un salmón?
¡Qué alegría!
¡Qué emoción!

Ya logramos
comprender
esa ciencia
del doblez,
que nos hace
componer
figuritas
de papel.

Juan Bautista Grosso

43

El Reino de la Geometría

Alma Flor Ada

El Reino de la Geometría era un hermoso país. Tenía colinas
verdes, riachuelos alegres, bosques llenos de frutas y cielos
llenos de pájaros. Y tenía una población alegre y trabajadora.

Y en el Reino de la Geometría todo iba más o menos bien. Es decir que unos días eran mejores que otros, pero en los días malos siempre se podía esperar que el día siguiente fuera mejor.

Los habitantes de aquel reino tenían formas muy distintas.
Algunos, los triángulos, tenían tres lados.

Otros, los rectángulos, rombos, cuadrados y trapecios, tenían
cuatro.

Algunas veces sus lados eran iguales:

Y otras veces no:

Pero a los habitantes del reino nunca les habían molestado
sus diferencias. Más bien las encontraban interesantes y
divertidas.

Hasta que un día subió al trono un nuevo rey. Era el rey
Cuadrado VII y tenía ideas algo raras. Estas ideas se las
habían puesto en la cabeza un par de sus consejeros que le
dijeron:

— Los cuadrados son figuras perfectas.
— Tienen cuatro lados iguales.
— Y cuatro ángulos iguales.
— Desde donde quiera que se les mire son perfectos.

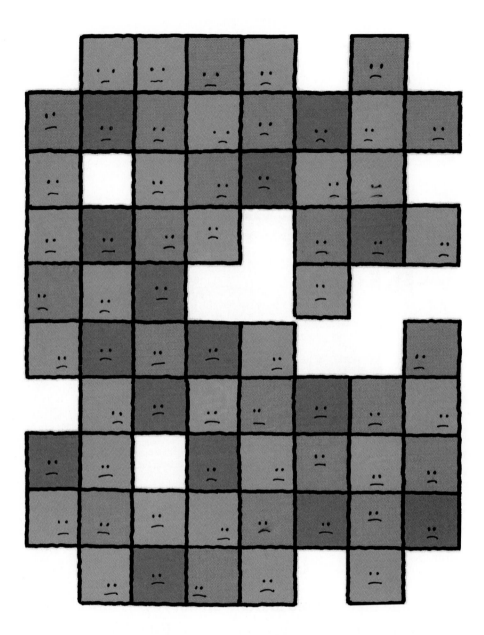

El rey Cuadrado VII pensó que todo aquello sonaba muy bien.

Así que escuchó cuando sus consejeros propusieron:

—Un rey Cuadrado Perfecto debe tener un palacio cuadrado perfecto, con patios cuadrados, ventanas cuadradas y puertas cuadradas...

Y dio orden de renovar todo el palacio. Y los arquitectos reales convirtieron todos los patios en patios cuadrados. Las ventanas fueron cuadradas y las puertas fueron cuadradas también.

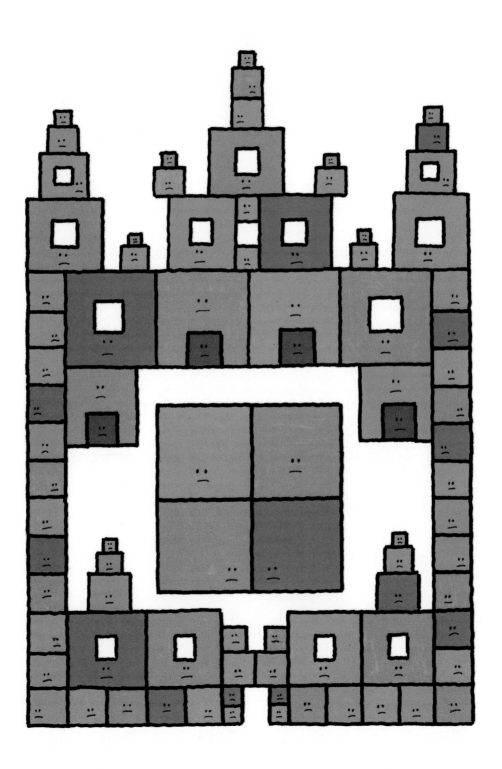

Los consejeros felicitaron al rey. Y al rey le gustó oír que afirmaran:

—Un rey Cuadrado Perfecto merece un palacio perfecto.

Y el rey sonrió cuando el más viejo de los consejeros dijo:

—Los cuadrados son las únicas figuras perfectas.

Los consejeros entonces le propusieron:

—En este palacio cuadrado perfecto, sólo deben entrar los cuadrados.

Y el rey se apresuró a dar la orden de despedir a todos los que no fueran cuadrados.

Así despidieron al triángulo cocinero, a pesar de que
hacía flanes tan deliciosos. Y al rectángulo jardinero, a pesar
de que sus rosas amarillas eran las más bellas de todo el reino.
Y al trapecio músico, a pesar de que sus melodías alegraban
las noches y encantaban a chicos y grandes.

53

Y ahora para todos aquellos en el Reino de la Geometría que no eran cuadrados, parecía que a los días malos sólo seguían días peores:

Sólo había trabajo para los cuadrados. Y en el mercado los
mejores alimentos eran para los cuadrados. Y en las calles
había guardias cuadrados y los que no eran cuadrados tenían
que tener permiso especial para poder pasar.

Y cuando parecía que nada podía ir peor, vino la verdadera catástrofe.

El rey Cuadrado VII mandó a construir, por sugerencia de sus consejeros, una gran muralla cercando un gran terreno cuadrado. Y dio una ley:

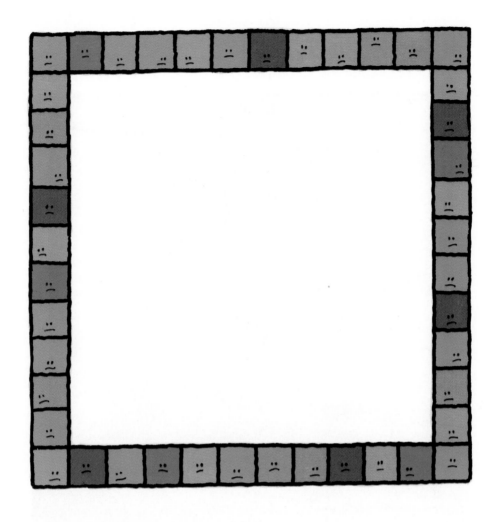

—Todos los triángulos, rombos, rectángulos y trapecios, es decir, todos los que no son cuadrados, tienen que vivir dentro de la muralla. Allí sembrarán y cosecharán alimentos para los ciudadanos perfectos, los cuadrados.

Y luego dio la orden a sus guardias:

—Los cuadrados pueden entrar y salir libremente por
las puertas de la muralla, pero ... sólo los cuadrados.

Los rombos y trapecios quisieron protestar. Los rectángulos y triángulos pidieron audiencia con el rey. Pero la única respuesta que tuvieron de los guardias fue:

—Sólo los cuadrados pueden pasar.

La alegría había desaparecido del reino.

Ya no se oían risas ni canciones.

Muchos de los cuadrados tenían vecinos rombos, amigos triángulos y hasta primos rectángulos.

Pero nadie se atrevía a hacer nada.

Hasta que la cuadradita Rosa, que extrañaba mucho a su amiga, la triangulita Violeta, decidió que era necesario hacer algo.

Y Rosa, aprovechando que era cuadrada, se presentó frente a la muralla. Y los guardias la dejaron pasar.

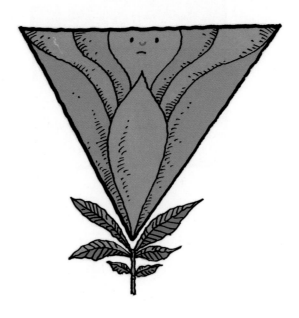

—Tengo una idea que puede ayudarte a escapar a ti y a tus hermanos —le dijo Rosa a Violeta.

—Fíjate, si dos triángulos como tú se juntan, forman un cuadrado:

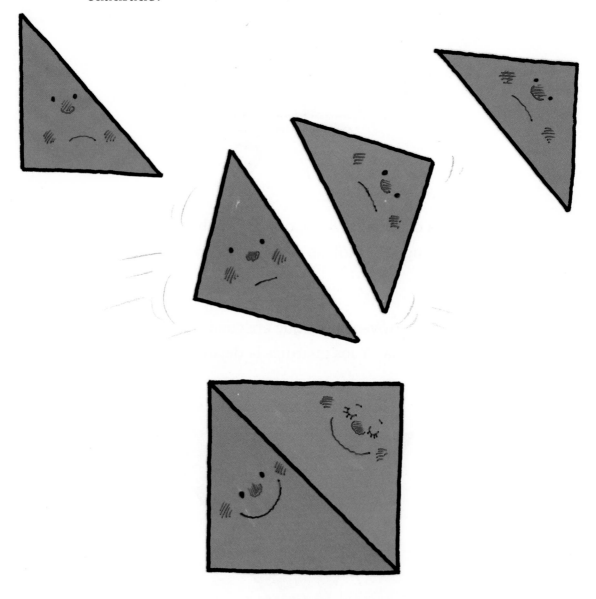

—Pero no todos los triángulos que hay aquí forman un cuadrado —dijo Violeta —y no vamos a abandonarlos. ¡Tampoco vamos a abandonar a los rombos ni a los rectángulos!

Rosa entonces se puso a pensar, a pensar, a pensar ...

—¡No tendremos que abandonar a nadie! —exclamó con entusiasmo. —¡Déjame mostrarte!

Y Rosa tomó un palito y trazó en el polvo esta figura:

Ahora fíjate bien que podemos también modificarla así:

—¡Llamemos a todos! —dijo entonces Violeta. Y se fue corriendo, con su hermano Morado, a traer a familiares y amigos.

Y los rombos, trapecios, rectángulos y triángulos se combinaron formando cuadrados.

Y como el Rey Cuadrado VII había dicho que todo cuadrado podía entrar o salir por las murallas los guardias no los detuvieron.

Y después de caminar por varios días, encontraron un valle rodeado de colinas verdes, con riachuelos alegres, bosques llenos de frutas y cielo lleno de pájaros.

Y decidieron que no necesitaban un rey. Y que entre todos podían hacer cosas fantásticas.

Y éstas son algunas de las que hicieron:

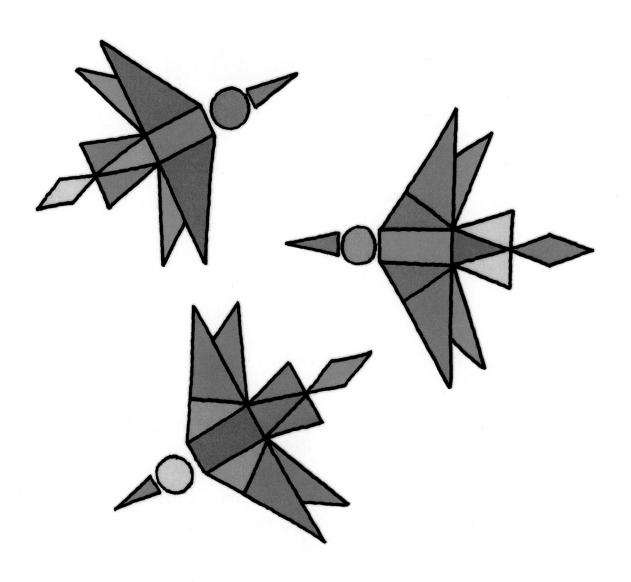

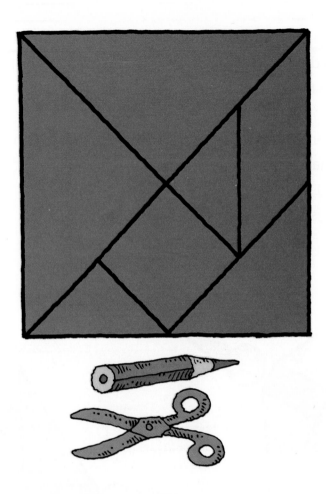

Tú puedes copiar estas piezas que forman un tipo de rompecabezas, muy antiguo, llamado tanagrama.

Puedes cortar tus piezas en cartulina, en papel, o, si tienes quien te ayude, en madera. Puedes hacerlas todas de un mismo color o de varios colores.

Aquí tienes algunos ejemplos:

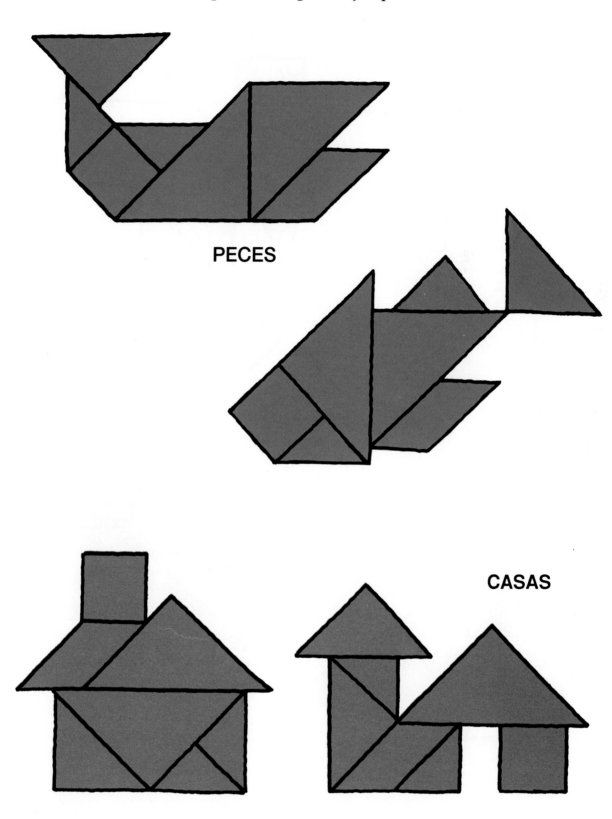

PECES

CASAS

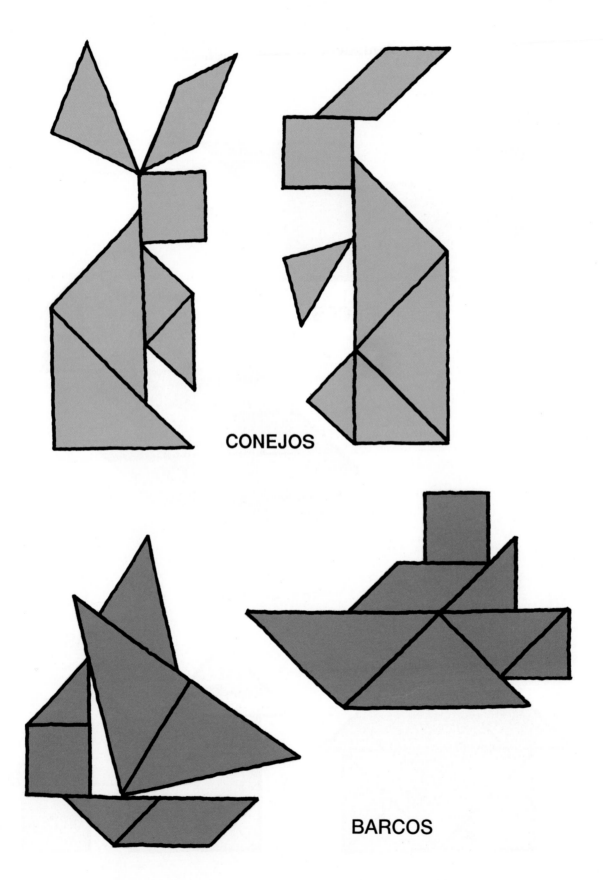

CONEJOS

BARCOS

68

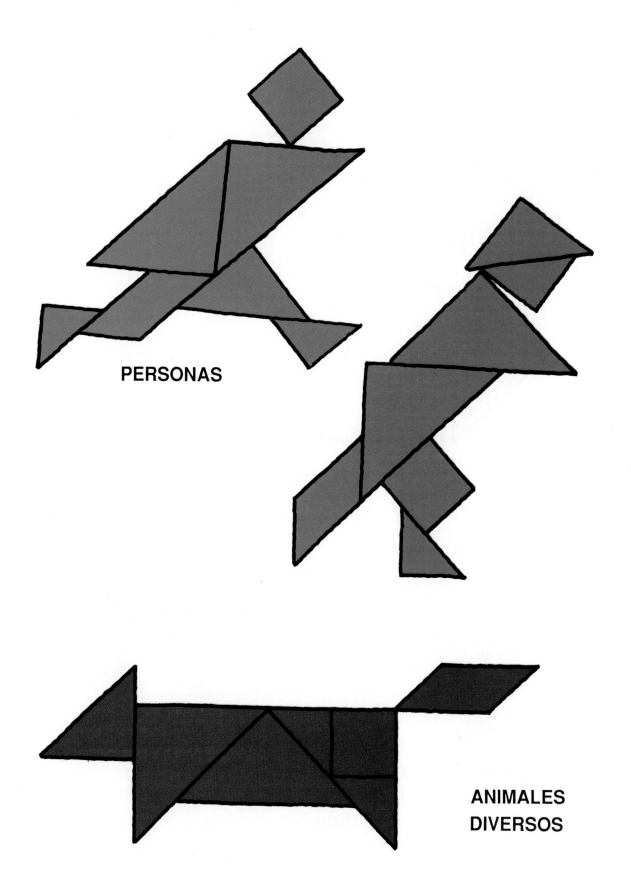

PERSONAS

ANIMALES
DIVERSOS

69

    ¿Cuántas figuras crees que puedes formar con estas piezas? Nadie lo sabe con exactitud. Depende de tu imaginación. Algunos libros sobre tanagramas muestran cómo formar hasta 330 figuras.

¿Qué más se te ocurre a ti?

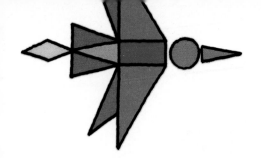

¿QUÉ TE PARECE?

1. ¿Por qué este cuento se llama "El Reino de la Geometría"?

2. ¿Cuál de las figuras podía entrar al reino? ¿Por qué?

3. Escribe el nombre de cinco cosas en tu habitación que tienen la misma forma que las figuras del cuento.

4. Al final del cuento todos deciden que no necesitaban un rey. ¿Por qué?

ESCRIBE EN TU DIARIO

Las figuras lograron su libertad. Escribe sobre cómo te sentirías sin libertad.

La Princesa Figurina

La Princesa Figurina se pasea
en su caballo cuadrado
con su sombrero triangular
de tres lados
y su sombrilla hexagonal.

Llora lágrimas ovales,
llora lágrimas a raudales.
Su sonrisa es una línea,
una mueca horizontal.

Está triste la Princesa
porque no la dejan
casar
con un plebeyo rectangular.

Sueña con un beso
de su amado.

Un beso circular.

Patricia Lara

T E M A

LA VIDA ENSEÑA

¿Crees que sólo se aprende en la escuela?
La verdad es que podemos aprender de todo lo que
nos rodea. En las historias que siguen, conocerás a
un granjero que decidió seguir los consejos de un
hombre sabio. También vas a conocer a una niña a la
que le pasa algo triste, ¡pero luego lo supera cuando
encuentra otras amistades! Por último vas a leer
acerca de unas personas que aunque trabajan
mucho, aún piensan en otras permanentemente.

Í N D I C E

El silencio

Oye, hijo mío, el silencio.
Es un silencio ondulado,
un silencio,
donde resbalan valles y ecos
y se inclinan las frentes
hacia el suelo.

Federico García Lorca

¡Qué Ruido!

Aliana Brodmann • Hans Poppel

COLECCIÓN BARRIL SIN F

Un granjero vivía en una pequeña cabaña a las orillas del bosque con su esposa, siete niños y una nana que les ayudaba.

Cada día, con el primer canto del gallo, tenía que partir hacia el campo, porque tan pronto como los niños se despertaran, comenzarían a reñir; la nana trataría de separarlos, mientras su mujer les vociferaría y gruñiría a lo largo de todo el día.

Una mañana, cansado de tanto ruido, el granjero encontró que ya eran insoportables los alegatos y las discusiones permanentes. Sintió que no podía resistir ni un minuto más. Así que ensilló su caballo y se fue al pueblo a pedirle consejo al rabino, el anciano sabio.

83

—Vine —le explicó al rabino— porque no puedo quedarme en mi casa
más tiempo. Vivimos tan hacinados que permanentemente estamos
discutiendo y rozándonos unos con otros. Los niños están siempre
hostigándose uno al otro y la nana nunca para de gruñir.

El hombre lo escuchó con mucho cuidado. Por fin, lo miró fijamente y le preguntó:

—¿Tienes pollos?

—Por supuesto que tengo pollos—replicó el granjero—.
Tres gallinas gordas y un gallo muy fino.

—Bueno, éste es mi consejo —le dijo el rabino—, regresa a casa tan pronto como puedas y de inmediato mete las gallinas y el gallo dentro de la casa.

El consejo del rabino le pareció al granjero bastante extraño, pero estaba tan desesperado por obtener un poco de paz y tranquilidad que hizo exactamente lo que le había dicho. Cabalgó hasta su granja, sacó las gallinas y el gallo del gallinero y los metió en la casa.

Después de unos pocos días la situación dentro de la cabaña no sólo no había mejorado sino que estaba empeorando. A los acostumbrados ruidos de discusiones y rencillas, se agregaba ahora el canto destemplado del gallo y el cacareo de las gallinas cluecas.

Totalmente confundido, el granjero regresó con el rabino para explicarle que su consejo no había funcionado.

—Por el contrario —explicó—, el gallo canta y las gallinas cacarean y se destacan sobre los demás ruidos. Es realmente insoportable.

El anciano le escuchaba pensativo, mientras se acariciaba la barba.

—Dime —le dijo finalmente—, ¿quizás tengas unos pocos gansos?

—¿Gansos? —exclamó el granjero—, ¡por supuesto que tengo gansos! ¡Un montón de gansos!

—Me lo imaginaba —dijo el rabino—, tan pronto como llegues mete también los gansos dentro de tu casa.

—¿Junto con los pollos? —preguntó el granjero.

—Exacto —respondió el rabino—. Con los pollos.

Entonces el granjero regresó a la casa para hacer lo que le había dicho. En cuanto llegó, cruzó corriendo el patio y metió a los gansos dentro.

El salvaje graznido de los gansos se mezclaba entonces con el cacareo de las gallinas y el canto del gallo.

—¿Te has vuelto loco? —le preguntó su esposa.

Al mismo tiempo, la nana refunfuñaba y los niños se portaban peor que nunca.

Al día siguiente regresó nuevamente con el rabino para protestar.

—Los gansos no ayudan para nada — dijo —. Tengo la cabeza llena de todo el ruido que he tenido que soportar pacientemente.

El rabino asintió comprensivo.

—Tú debes confiar en mí o nada funcionará — dijo.

—Por supuesto — le respondió el granjero.

—Correcto — replicó el rabino —. Ahora dime ... seguramente debes tener una vaca, ¿no es cierto?

—Que da la mejor leche de la comarca — dijo el granjero.

—Fantástico — se alegró el rabino —, entonces mete también la vaca en la casa con todos ustedes.

—Espéreme ... — suplicó el granjero.

Pero el rabino ya se había retirado a su cuarto.

Entonces el granjero no tuvo más alternativa que arrastrar a su renuente vaca fuera del establo y meterla dentro de la casa.

La vaca se acomodó frente al fuego, espantando a los pollos y a los gansos. La habitación se llenó con un ensordecedor conjunto de cacareos, graznidos, cantos, chillidos y mugidos que duraron toda la noche.

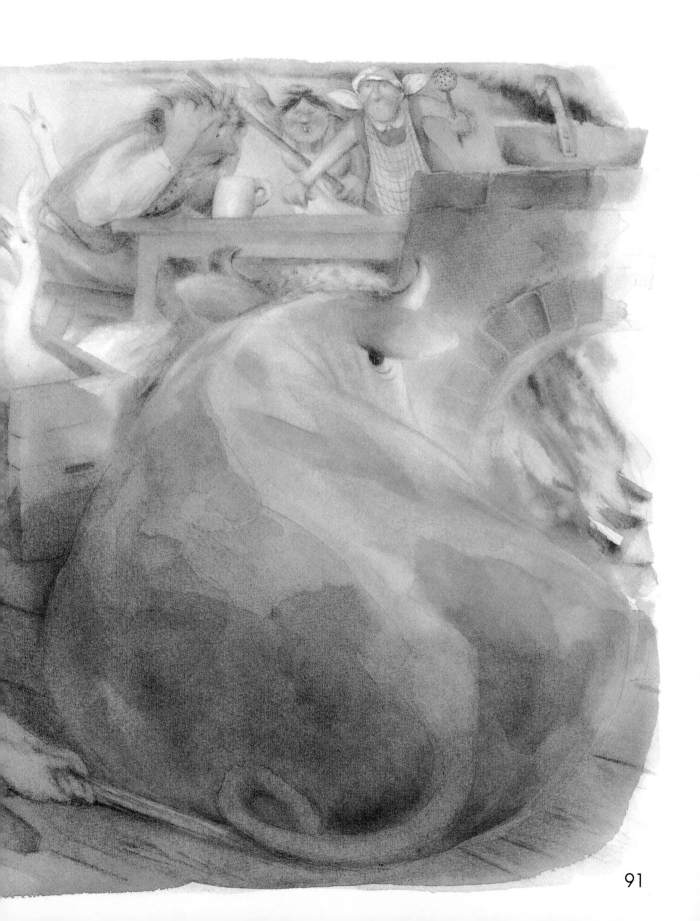

A la mañana siguiente, el atormentado granjero se encontró frente al rabino una vez más.

—No, no, no —gemía—, me voy a volver loco si ese monstruoso ruido no se detiene pronto.

—Entonces debemos hacer algo inmediatamente —declaró el rabino con entusiasmo.

—INMEDIATAMENTE —replicó el granjero.

—Qué hay de las cabras —preguntó el rabino—, ¿no tienes alguna cabra?

El granjero se atragantó.

—¿Y bien ...? —preguntó el rabino.

—Bueno ... nada más tres —replicó el granjero vacilante.

—Entonces no tienes más alternativa — dijo el rabino — que meter las tres cabras dentro de tu casa de inmediato.

—No lo dice en serio —protestó el granjero.

—¿Podría yo bromear con algo tan serio como eso? —le respondió el rabino—. ¡Ahora, andando! Apúrate para que llegues a tu casa antes de la noche.

Con una sensación de desastre inminente, el granjero galopó hacia su casa.

Fue obediente y llevó las cabras del campo de pastoreo a la casa, sólo para sentirse ridículo ante la burla de su esposa y la nana.

—No hago más que seguir el consejo del rabino sabio — explicó débilmente—. Pregúntenle si quieren.

El griterío habitual, combinado con el retumbar de las pisadas, mugidos, cacareos y graznidos hizo de los días siguientes algo inimaginable.

En el aire flotaban las plumas desgarradas de los pollos. Los huevos destrozados chorreaban por las paredes. El estiércol de la vaca estaba por todas partes. El gallo cantaba sin parar y las cabras saltaban libremente sobre todas las cosas.

El granjero regresó con el rabino a todo galope.

—Se lo imploro —suplicó el granjero—, la situación está peor que nunca. Me va a explotar la cabeza por culpa de esta locura que se ha vuelto mi rutina diaria ... Mi esposa me culpa y me maldice por todo. Esto no es manera de vivir —decía desesperado.

El rabino lo escuchó con paciencia, apoyando la cabeza primero en una mano y luego en la otra.

—¡Dígame algo por favor! —lo urgió el granjero.

—Bueno —replicó el rabino—. No podemos evitarlo. Vas a tener que meter tu caballo en la casa aunque sea por un día.

—¡Oh, no! —protestó el pobre granjero.

—¿No estarás claudicando? —preguntó el rabino levantando las cejas.

—No — contestó el granjero —, por supuesto que no. Pero, ¿realmente piensa que meter el caballo en la casa va a ayudarme?

—¿Por qué otra razón te lo sugeriría? —dijo el rabino con un guiño cómplice.

Aquella noche el granjero, sintiendo su corazón pesado como el plomo, arrastró a su pobre y perplejo caballo dentro de la cabaña.

—¡Dios mío! — se lamentó su esposa —, devuélvele a mi esposo su cordura. Ya perdió totalmente la cabeza ...

Por su parte la nana se limitó a mirarlo con odio, mientras los niños se divertían haciendo cosquillas al caballo con plumas de ganso, provocándole estornudos y obligándolo a relinchar de tal modo que temblaban las paredes.

Las palabras no pueden describir el ruido y la agitación que se produjo durante toda la noche.

Hubo cacareos, pataleos, relinchos, mugidos, pisoteos , chillidos y maldiciones como nunca antes.

—¡Qué escándalo!

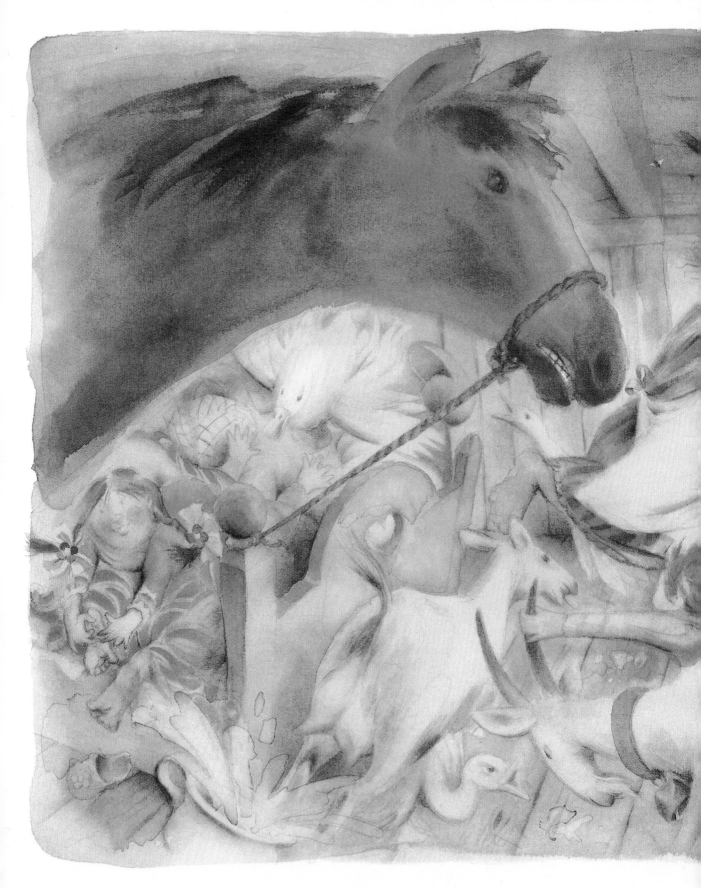

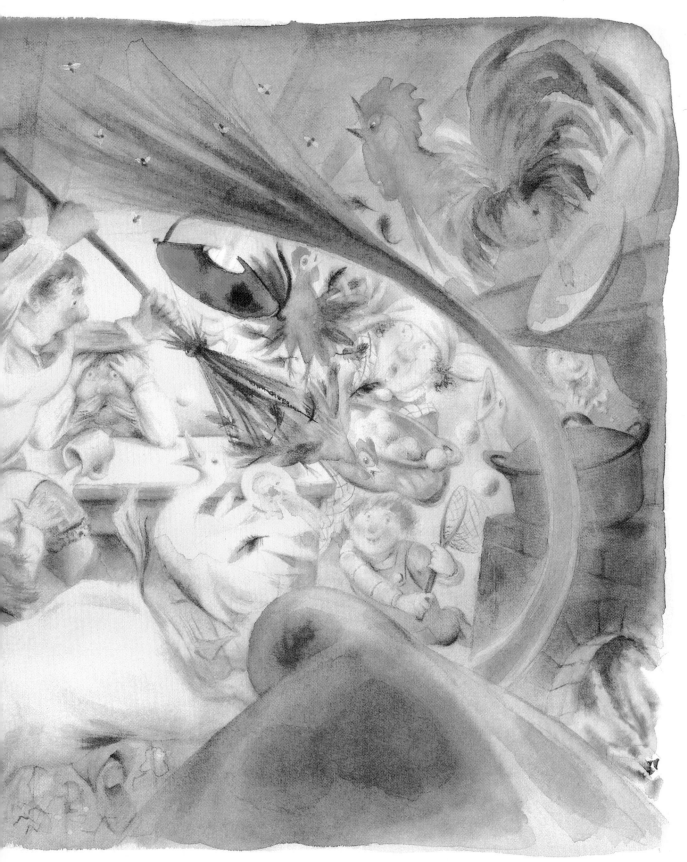

Al amanecer, el granjero sin afeitarse, ni peinarse, ni arreglarse, corrió al pueblo y golpeó frenéticamente la puerta del rabino.

—¡Abra la puerta y ayúdeme por favor! No hay un lugar en mi casa para vivir, ni siquiera para respirar.

Después de un rato, el rabino abrió la puerta.

— Cálmate — le dijo suavemente —. Estamos muy cerca de resolver el problema.

—¿En serio? —preguntó asombrado el granjero —. Ya tengo toda la granja dentro de la cabaña.

—¿Estás seguro? —le preguntó el rabino.

—Absolutamente — confirmó el granjero.

—De acuerdo —prosiguió el rabino alegremente—. Por fin ha llegado el día en que regreses tu caballo al campo, la vaca a su establo, las cabras al prado, los gansos al patio y las gallinas y el gallo a su gallinero.

El granjero escuchaba totalmente mudo por el asombro. En cuanto pudo reponerse salió de la casa del rabino sacudiendo la cabeza.

Al llegar a su casa hizo exactamente lo que le había dicho.

Se llevó el caballo al campo,

la vaca a su establo,

las cabras al prado,

los gansos al patio

y los pollos de vuelta al gallinero.

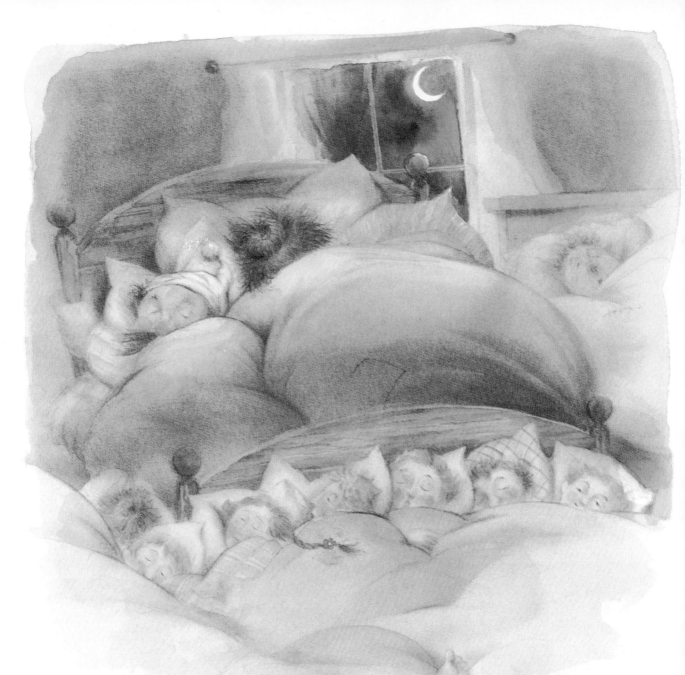

Cuando regresó a la cabaña había un silencio celestial.   Ni relinchos, ni mugidos, ni cacareos, ni cantos, ni zapateos, ni gritos, ni maldiciones, ni peleas.

Esa noche la familia durmió dichosa, mientras la luna se veía brillar a través de la ventana.

A la mañana siguiente, el granjero fue a ver al rabino desbordante de alegría.

—Usted no tiene idea —le explicaba— qué vida tan pacífica tenemos ahora. Sencillamente es el cielo en la tierra ...

¿QUÉ TE PARECE?

1. ¿Por qué el granjero busca el consejo del rabino?

2. ¿Por qué está feliz el granjero cuando saca todos los animales de la casa?

3. ¿Te has encontrado alguna vez en medio de un alboroto semejante? ¿Con tus hermanos por ejemplo? ¿Qué hiciste?

4. ¿Te gustó la solución que sugirió el rabino? ¿Por qué?

ESCRIBE EN TU DIARIO

Si tienes un problema y necesitas un consejo, ¿a quién irías? ¿Por qué?

Todo en su sitio

Los lobos, en el monte;
los pollitos, en el corral;
los peces, en el agua;
los barcos, en el mar.

Los monos, en el árbol;
la paja, en el pajar;
el higo está en la higuera;
la uva, en el parral.

El padre, trabajando;
la madre, en el hogar;
ya todo está en su sitio,
ya todo en su lugar.

Los niños, en la escuela,
y los patos, a volar,
«¡Cua, cua, cua...!»

Gloria Fuertes

Estaba el señor don Gato

Estaba el señor don Gato
en silla de oro sentado;
miau, miau, mirri miau;
calzando medias de seda
y zapatito bordado,
cuando llegó la noticia
que había de ser casado
con una gatita parda,
con una pinta en el rabo.
El gato, con la alegría,
se ha caído del tejado.
Se rompió siete costillas
y la puntita del rabo.
Llamaron al curandero,
médicos y cirujanos;
cocieron siete gallinas
y le dieron de aquel caldo.
Le llevaron a enterrar
por la calle del pescado
y al olor de las sardinas
el gato ha resucitado.
Aunque tiene siete vidas,
las siete, al fin, ha entregado,
ninguno de los doctores
ha podido remediarlo.

Poema folklórico

107

Un gato viejo y triste

El pueblo de María es el más bonito de todos, eso lo sabe cualquiera; claro que, a veces, María se siente un poco sola, porque en su pueblo apenas si hay niños con los que jugar. Entonces se pasa horas enteras mirando las curiosas formas que las nubes dibujan en el cielo, o ...

María acaba de ver algo que se desliza por entre las tejas de la casa de enfrente.

Es un gato gris y viejo.

Por un momento sus ojos se encuentran. Los ojos del gato son como bolas de papel de celofán, grandes y brillantes.

—¡Adiós!, joven amiga — parece decir el gato gris y viejo al mirarle con aquellos ojos.

—¡Espera! — grita María.

El gato se vuelve despacio, muy despacio, atusa cuidadosamente sus bigotes y murmura.

—¿Qué se te ofrece, pequeña?

117

María no sabe qué decir, tampoco
sabe por qué ha gritado «espera», así
que se limita a encoger los hombros.

El gato sonríe.

—¡¡Ah!! — dice. ¡Cómo pasa
el tiempo! Aún recuerdo cuándo
naciste. Yo solía mirarte desde
la buhardilla de enfrente. Te
he visto crecer al mismo
tiempo que a mis hijos y
ahora ...

—¿Y ahora? — interroga María.

—Bueno —añade el gato —, pues que he llegado al final.

—¿Qué quieres decir? —insiste la niña.

—Mira, pequeña —sisea el gato —, soy ya muy viejo y voy a morir pronto, pero la muerte no me asusta.

La pequeña se queda en silencio un buen rato, luego dice:

—Y cuando te mueras, ¿dónde irás?

Cuando un gato se muere no va a ninguna parte — dice el gato —, simplemente se muere y ya está.

—¿Y entonces para qué te mueres? — pregunta la niña.

—La verdad es que haces unas preguntas muy raras. Sí, muy raras. No sé ... He oído decir a los humanos que después de la muerte hay otra vida. No sé ..., no sé.

El gato está cansado y se tiende sobre una piedra que el sol ha calentado.

—Mira —continúa—. La vida tiene sus ciclos, ¿comprendes? Una mañana te despiertas y el campo está lleno de margaritas, de amapolas, de mariposas, de pajarillos revoloteando entre las ramas de los árboles, pero después llega el invierno, el aire se vuelve frío, ya nadie canta en los árboles y las flores se secan...

—¡Claro! —dice la niña—. Durante el invierno, las flores duermen bajo la tierra para volver a despertar en primavera.

El gato ronronea débilmente
como quien canta una canción
de cuna, luego, con gran esfuerzo,
murmura:

— Quizás, pequeña, yo esté
equivocado. ¡Quién sabe! Después de todo, tal vez nos volva-
mos a encontrar sobre otros tejados más bellos.

El gato se aleja tambaleante por sus tejados hasta arrugarse sobre las tejas, a la sombra de una chimenea.

María le ve cerrar los ojos y quedarse rígido como un palo.

—¡No quiero que te mueras! —grita la niña.

A María le corren un par de lágrimas grandes y saladas por las mejillas. Acaba de encontrar un amigo y no desea perderlo.

—Durante el invierno, las flores duermen bajo la tierra para volver a despertar en primavera —repite la niña—, ¿y los gatos? —se pregunta—, ¿volverán a despertar?

María acaricia la cabeza de su amigo. Está fría. Luego se aleja despacito para no hacer ruido.

Tres pequeños gatos la siguen, son los hijos del gato viejo y triste.

María sonríe.

Ha perdido un amigo, pero ha encontrado tres.

¿QUÉ TE PARECE?

1. ¿Cuál crees que es la idea principal de este cuento?
2. ¿De qué conversan el gato y la niña?
3. ¿Has tenido la experiencia de perder un animalito querido? ¿Cómo te sentiste?
4. El cuento se llama "Un gato viejo y triste". ¿Qué le producía tristeza al gato?

ESCRIBE EN TU DIARIO

¿Qué harías tú para ayudar a una persona triste?

Las siete vidas del gato

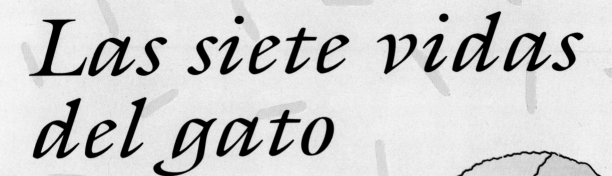

Preguntó al gato Mambrú
El lebrel Perdonavidas:
—Pariente de Micifú,
¿Qué secreto tienes tú
Para vivir siete vidas?
Y Mambrú le contestó:
—Mi secreto es muy sencillo,
Pues no consiste sino
En frecuentar como yo
El aseo y el cepillo.

Rafael Pombo

La amistad

Cual pluma de quetzal, fragante flor,
la amistad se estremece:
como plumas de garza, en galas se entreteje.
Un ave que rumora cual cascabel es nuestro canto:
¡qué hermoso lo entonas!
Aquí, entre flores que nos forman valla,
entre ramas floridas, los estás cantando.

Anónimo

LIBRO
PREMIADO

Un Hatillo de Cerezas

María Puncel / Viví Escrivá

Antonio era ayudante de panadero. Trabajaba cada noche hasta el amanecer: preparaba la masa, calentaba el horno y cocía las hogazas.

Cuando el día empezaba a clarear, Antonio llenaba de panes, aún calientes, dos grandes cestos.

En seguida iba a la cuadra a buscar a Farina, la mula blanca. Acomodaba sobre su lomo los dos grandes serones y cargaba en ellos los cestos del pan.

Luego, cuando ya el sol se asomaba por detrás de la colina, Antonio marchaba camino de los caseríos del valle, para repartir el pan.

141

Aquella mañana, Antonio marchaba cantando. El verano estaba recién estrenado, el día amanecía espléndido y Antonio sentía el corazón alegre.

En un recodo del camino se encontró, de pronto, frente al carro, atascado, del tío Curro.

—¿Qué ha pasado?

—Un perrillo salió ladrando de entre las zarzas y este caballo bobalicón se ha espantado. Mira, la rueda está hundida en el hoyo. ¿Cómo saco yo ahora el carro de este atolladero?

—Farina y yo te ayudaremos.

Y le ayudaron con tan buena voluntad y tanta fuerza que, en menos de tres minutos, el carro estaba, otra vez, en el centro del camino.

—Ya puedes seguir, tío Curro. Vas al mercado, ¿verdad?

—Al mercado a vender fruta, sí.

—Pues que tengas buena venta.

—Gracias, muchacho. Oye, ¿te gustan las cerezas?

—¡Ya lo creo!

El tío Curro tomó la servilleta que cubría el cestillo en que llevaba su comida, la extendió y echó dentro unos puñados de cerezas. Luego, ató las puntas cuidadosamente.

—Ahí las tienes. Te las has ganado. Sin tu ayuda yo no hubiera podido desatascar el carro.

—Farina también ha tirado lo suyo...

—¡Pues dale unas pocas a la mula!

—Lo haré. ¡Muchas gracias!

—De nada, muchacho. ¡Hasta la vista!

144

Siguió su marcha el tío Curro camino del mercado y Antonio tomó de nuevo el sendero hacia los caseríos del valle.

Llevaba en la mano el hatillo de cerezas y se le hacía la boca agua sólo de pensar en ellas: tan rojas, tan gordas, tan brillantes... Empezó a deshacer un nudo. Pero lo pensó mejor...

«A la abuela Francisca le faltan bastantes dientes y sólo puede comer cosas blandas y jugosas...»

Entró en la sala donde la abuela Francisca tejía sus encajes.

—Aquí traigo el pan, abuela. Y también le traigo un regalo.

—¡Antonio! ¡Las primeras cerezas que veo este año! ¡Muchas gracias, hijo!

Antonio salió de la sala para seguir su ruta con Farina.

La encajera volvió a su trabajo.

«Me comeré las cerezas en el almuerzo», decidió. Y siguió tejiendo.

Pero, mientras tejía, lo pensó mejor...

«Mi hermana María dice siempre que el vapor de los tintes le deja un sabor amargo en la boca...»

En el taller de los tintoreros hervían enormes calderos con líquidos de colores diversos: azules, rojos, verdes, anaranjados.

En el patio, gruesas madejas de lana, ya teñidas, estaban puestas a secar.

La tejedora dijo:

—Mira, hermana, lo que te traigo.

—¡Tienen un aspecto exquisito! Muchas gracias, pero a ti también te gustan mucho las cerezas.

—Más me gustará que te endulcen a ti la boca.

La abuela Francisca se volvió a su casa y la tintorera fue hasta la fuente del patio para lavarse las manos antes de comer las cerezas.

Y, mientras se lavaba, lo pensó mejor...

«Pedro lleva ya muchas horas trabajando. Seguro que tendrá sed...»

Y sin dudarlo más llamó a la pequeña Ana y le entregó el hatillo.

—Oye, hija, hazme un favor, llévale esto a tu hermano de mi parte.

Pedro estaba terminando de soplar una hermosa pieza de vidrio.

—¡Mira, cerezas, son para ti! —le gritó Anita; y se las mostró.

—¡Qué buena cara tienen! Me las voy a comer ahora mismo.

Pero no lo hizo. Siguió soplando hasta terminar de moldear la pieza. Y, mientras lo hacía, lo pensó mejor...

—Mira, Ana, allá abajo, en el prado junto al río, está Clara cuidando el rebaño. ¿Querrás llevarle las cerezas de mi parte?

Anita miró a su hermano con un gesto pícaro, pero en seguida dijo que sí y se alejó sonriendo.

   A Clara le brillaron los
ojos de alegría al ver la hermosa
fruta que le enviaba su novio.

   —¡Qué color tan precioso tienen!
Dale las gracias a Pedro de mi parte.

   Clara se fue hacia el roble grande,
dispuesta a sentarse a su sombra para comer
las cerezas. Pero entonces lo pensó mejor...

   «Mi padre está en la serrería... Seguro que le
apetece algo fresco...»

   Dejó el rebaño al cuidado de los perros y se acercó a paso
ligero hasta el edificio que se alzaba al borde del río.

El ruido de la sierra era ensordecedor. En el aire flotaba el áspero y penetrante olor a madera recién cortada y había montones de serrín por todas partes.

Clara mostró lo que traía a su padre y se lo agradeció con un guiño cariñoso y una sonrisa. También dijo algo, pero las palabras se perdieron en el chirrido de la sierra contra la madera.

Clara volvió junto al rebaño y su padre se dijo a sí mismo: «En cuanto termine con este tronco, me comeré las cerezas.»

Pero para cuando cortó la última tabla ya lo había pensado mejor...

«Se las llevaré a mi nuera Teresa. Una mujer que está criando tiene que comer fruta fresca...»

Así que paró la sierra y se encaminó a casa de su hijo.

—Hola Teresa, ¿cómo está hoy mi nieto?

—¡Muy bien, aunque un poco llorón!

—He traído esto. Mira qué hermosas.

—¿Cerezas para un recién nacido? —bromeó Teresa.

—No son para el niño, son para su madre.

—¡Muchas gracias! Me las comeré en cuanto consiga que este mozo se duerma.

Mientras mecía al niño lo pensó mejor...

«Mi hermano debe estar a punto de volver a casa...»

Y en cuanto el chiquitín se quedó dormido, salió de puntillas y cruzó la calle.

—Mira lo que traigo, madre. Antonio vendrá sofocado después del trajín de toda la mañana. Y como le gustan tanto las cerezas...

Y se volvió corriendo a casa junto a su hijo.

Antonio se quedó bastante asombrado cuando vio el
hatillo. No comprendía por qué la abuela Francisca le
devolvía las cerezas.

—No entiendo lo que ha pasado —dijo rascándose el
cogote.

—¡Hijo, si no hay nada que entender! Tu hermana
Teresa que te hace un regalo, eso es todo.

Antonio estaba cansado. Había trabajado casi toda la
noche y había hecho una larga caminata por el valle
durante la mañana. No tenía muchas ganas de
hablar. Así que se limitó a mover la cabeza y a sonreír.
Luego, empezó a comer...   Y de postre se tomó todas las
cerezas que su madre había lavado en agua fresca.
¡Estaban más dulces y más jugosas!

159

Cuando se tomó la última, se dio una fuerte palmada en la rodilla:

—¡Caramba! ¡He olvidado darle unas cuantas a Farina!

¡Se las había ganado!

Su madre, muerta de curiosidad, empezó a hacer mil preguntas.

—Hazme un favor, madre. Pregúntale a Teresa... y luego sigue preguntando. Después me lo cuentas, ¿eh?

Y se fue a dormir la siesta, que tenía bien ganada.
Su madre empezó a recorrer la vecindad para hacer averiguaciones... Y cuanto más averiguaba, más crecía su asombro...

Mientras tanto, Antonio estaba dormido y soñaba...

Soñaba que era ayudante de panadero y que trabajaba toda la noche: preparaba la masa, calentaba el horno, cocía el pan... Y fuera, en el patio, Farina comía cerezas, muchísimas cerezas, ¡montones de cerezas!

¿QUÉ TE PARECE?

1. ¿Cuál es el mensaje del cuento?

2. ¿Qué hizo Antonio para ganar las cerezas?

3. ¿Te parece importante compartir lo que tienes como lo hizo Antonio?

4. ¿Por qué las cerezas vuelven a Antonio?

ESCRIBE EN TU DIARIO

Escribe un párrafo sobre qué cualidades comparten los personajes.

Amable y silencioso

Amable y silencioso ve por la vida, hijo.
Amable y silencioso como rayo de luna ...
En tu faz, como flores inmateriales, deben
florecer las sonrisas.

Haz caridad a todos de esa sonrisa, hijo.
Un rostro siempre adusto es un día nublado,
es un paisaje lleno de hosquedad, es un libro
en idioma extranjero.

Amable y silencioso ve por la vida, hijo.
Escucha cuanto quieran decirte, y tu sonrisa
sea elogio, respuesta, objeción, comentario,
advertencia y misterio ...

Amado Nervo

T E M A

HABLEMOS DE LOS ANIMALES

¿Has pensado alguna vez en cómo es la vida de los animales? ¿Cómo se sienten al ser perseguidos? Ahora vas a leer sobre dos conejos parlanchines, una feroz pantera y lobos que luchan por sobrevivir.

Í N D I C E

Los dos conejos

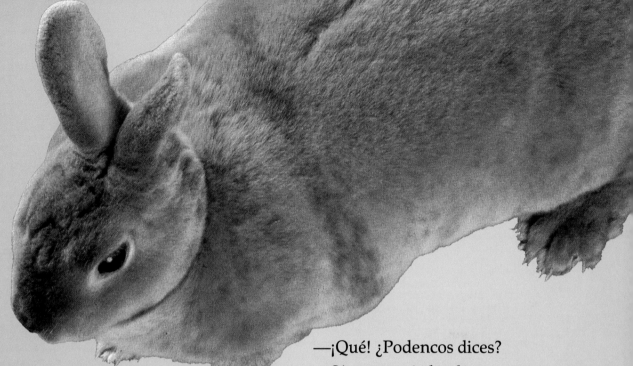

Por entre unas matas
seguido de perros
(no diré corría)
volaba un conejo.

De su madriguera
salió un compañero
y le dijo:—Tente,
amigo ¿qué es ésto?

—¿Qué ha de ser?—responde—.
Sin aliento llego ...
Dos pícaros galgos
me vienen siguiendo.

—Sí— replica el otro—,
por allí los veo ...
pero no son galgos.
—Pues ¿qué son?
— Podencos.

—¡Qué! ¿Podencos dices?
—Sí, como mi abuelo.
—Galgos y muy galgos:
bien visto lo tengo.

—Son podencos; vaya,
que no entiendes de eso.
—Son galgos, te digo.
—Digo que podencos.

En esta disputa
llegaron los perros,
pillan descuidados
a mis dos conejos.

Los que por cuestiones
de poco momento
dejan lo que importa
llévense este ejemplo.

Tomás de Iriarte

169

El cazador y

la pantera

En la paz mañanera
de la apartada selva, de repente
el cazador encuéntrase de frente
con la feroz pantera.
—¿Sabes? —le dice— estoy de cacería,
y como si tú me haces compañía
me evitarás vagar por estos lados
en busca de las huellas
de liebres y venados,
porque tú fácilmente das con ellas.
¿Quieres venir? Yo te daré tu parte
para que puedas a tu gusto hartarte.

Con aire perezoso y distraído,
le responde la fiera:—Ya he comido.

Y como el cazador le manifiesta
de nuevo impertinente su deseo:
—¿Por qué me injurias? —ella le contesta—
¡Yo mato por comer, no por recreo!

El lobo mexicano

serie: educación ambiental

conafe
Consejo Nacional de Fomento Educativo

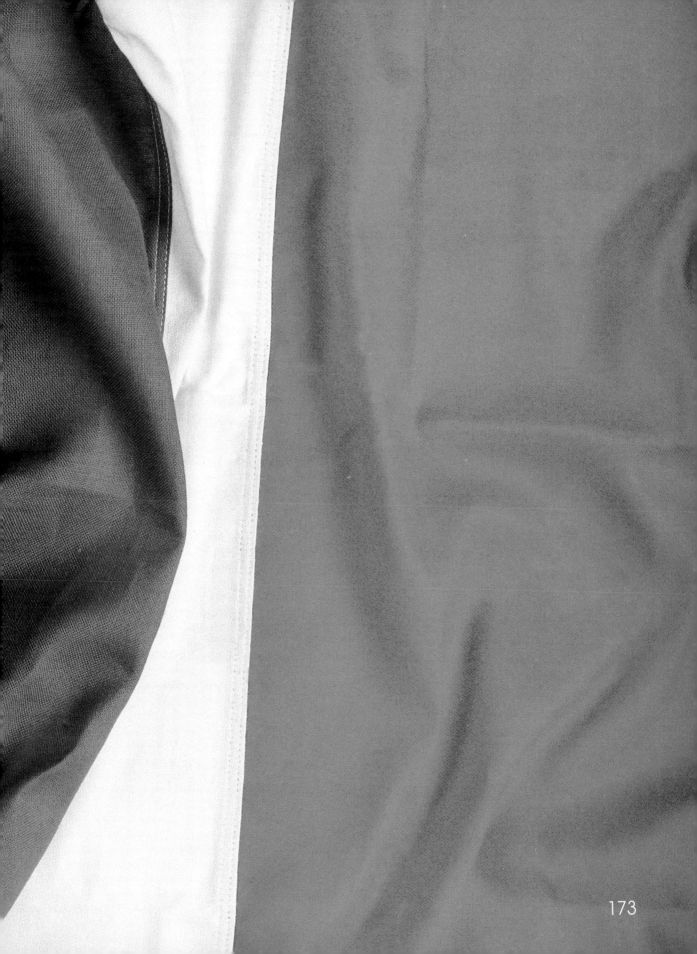

Se cuenta que aúllan a la luna cuando está grande y redonda.
Su voz se oye a muchos kilómetros. ¡Auuuu! ¡Auuuu!
Es el aullido de un lobo.
¿Lo escuchas?

Hace muchos años era común oírlos por varios sitios.
Pregúntale a tus abuelos.
Ahora sólo quedan como veinticinco lobos
en todo el país.
Son cinco más que los dedos de tus pies y manos.

Son poquitos, ¿verdad?

El coyote y la zorra son parientes del lobo.
De seguro en tu casa hay uno o varios perros.
Pues también el perro es primo del lobo.

El lobo es el más grande y fuerte de toda la familia de los cánidos. A todos los animales que aquí ves se les llama así.

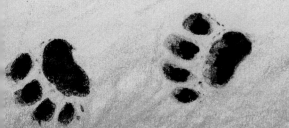  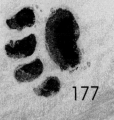

Este es un lobo macho.
Tiene el tamaño de un perro grande. Pero si te
fijas bien, verás que son diferentes. La cabeza
del lobo es más grande. También su hocico, que es
muy fuerte. Las orejas son anchas y están
muy paradas.

Su pelo es de color gris y en algunas partes café con negro, como el de un coyote. Aunque la cara y la cola del lobo son más peludas.
Debajo de los ojos tiene líneas negras.
Parecen ojeras, ¿no?
La loba es más pequeña.
Hay lobos de varios tipos. Pero estos son los que viven en nuestro país. Por eso, se les llama lobos mexicanos.

Hace años, cuando había muchos lobos, vivían en los bosques o cerca de ellos.
Muchos habitaban en el norte y en el centro de nuestro país.

Es más, cuentan que allá en los llanos del norte había grupos que cazaban venados. Claro, esto era antes de que el hombre persiguiera sin descanso al lobo. Ahora el lobo ha cambiado sus costumbres. Poco sabemos de él porque no se deja ver.

Antes vivían en grupos grandes, se les llamaba
manadas.
Ya no hay manadas, sólo familias muy pequeñas
y lobos solitarios.
Una familia la forman la pareja de lobos adultos
y sus crías. Y pocas veces, uno o dos lobos jóvenes.

Los grupos son pequeños porque hay menos bosques
y la comida es poca. Al tirar un bosque, los animales
que son el alimento del lobo se acaban o se van.
Los lobos son listos y saben que si andan en grupos
grandes no alcanzará la comida para todos.
Les gusta vivir en manadas, pero para sobrevivir
han tenido que separarse.

Antes había grupos de cuatro a ocho lobos adultos.
Hoy día quedan sólo unos cuantos animales.

Siempre perseguidos por ganaderos y cazadores, los lobos se han escondido. Viven en lo más alejado de las sierras de los estados de Chihuahua, Durango y Sonora.

Están siempre atentos. Cuidan que no haya gente
cerca de donde ellos viven.
Se esconden en bosques tupidos donde
hay pinos muy altos y encinos.

El piso está cubierto por pasto, zacate y matorrales.
En este bosque hace mucho frío. ¡Brrr!

En las ramas viven muchos animales, como ardillas,
pájaros carpinteros y águilas.
Abajo, en el suelo, hay animales pequeños,
como conejos, víboras y ratones.

El piso está cubierto por pasto, zacate y matorrales.
En este bosque hace mucho frío. ¡Brrr!

187

En las ramas viven muchos animales, como ardillas,
pájaros carpinteros y águilas.
Abajo, en el suelo, hay animales pequeños,
como conejos, víboras y ratones.

También hay animales grandes, como coyotes, pumas y uno que otro oso.
Pero grandes o pequeños, todos temen encontrarse con una familia de lobos.

El lobo es buen cazador. Prefiere atrapar a sus presas al atardecer y durante la noche.
Si anda en grupo, se alimenta de venados y de jabalíes.
Solamente así se atreve a matar animales fuertes o más grandes que él.

Cuando vive solitario, come muchos conejos, liebres y ratas. Así evita que se conviertan en plagas. También se alimenta de ranas, lagartijas y, a veces, del fruto del mezquite, zarzamoras y fresas silvestres. Si está solo no es tan fiero como se cree. Le teme a algunos animales y también al hombre.

Por eso, para atrapar animales grandes, los lobos atacaban en grupo.
Ahora que son pocos cazan únicamente en pareja.
Siguen las huellas frescas de los animales.
Los ventean, es decir, por el olfato encuentran a su presa.

Luego, mueven la cola. Rascan la tierra, respiran
más rápido, gruñen y se lanzan al ataque.
Mientras la loba distrae a la presa, el lobo le muerde
la panza y las patas traseras.
Una vez que cae al suelo, la devoran.

Como todos los animales que cazan, el lobo tiene y
vigila un territorio.

El macho es el que marca el terreno,
pero no solamente es de él.
Allí vive y se alimenta toda su familia.

Una noche comienzan a aullar, y es porque se acerca
su época de brama. Con sus aullidos se llaman
para encontrarse.
Cuando una pareja de lobos se une, el macho marca
lo que será su territorio.

En las antiguas manadas, aunque había varios machos y hembras adultos, solamente se cruzaba la pareja que dominaba a los demás.

Esto era así para que no hubiera muchos lobos y la comida alcanzara.

Ahora que ya no hay manadas, la pareja de lobos solitarios cazan y andan mucho juntos.

El lobo organiza y dirige la cacería. También defiende
a la familia y vigila el territorio. Si la pareja tiene
crías del año anterior, el lobo les enseña a cazar.
La loba hace la madriguera.
Con sus patas, cava un hoyo debajo de troncos
o piedras grandes. La cueva está escondida por
pasto y matorrales y sólo tiene una entrada.

Para hacerla, la loba escoge un sitio elevado,
para así poder ver a sus enemigos. Además busca
que haya agua cerca. Los lobos necesitan mucha
agua para beber, también les gusta bañarse
y jugar en ella.

Los cachorros nacen en primavera, es decir,
en los meses de marzo, abril o mayo, como a los dos
meses de que sus padres se cruzaron.
Los lobos tienen crías una vez al año.
La camada es de cuatro a siete crías.

Nacen con pelo, con los ojos cerrados y sordos,
como los perritos.
En los dos o tres días que siguen, la loba sale
muy poco de la madriguera. Se estira, bebe
agua y vuelve adentro.
Pasa la noche y el día limpiando y dando
de mamar a la camada.

Como a los diez días los lobitos abren los ojos.
Están calientitos junto al cuerpo de su mamá
y la poca luz no lastima sus ojos.
A las ocho semanas los cachorros salen de
la madriguera.
Por primera vez ven la luz del sol.
Calentándose al sol, los dos padres juegan con
los cachorros. Y aunque son muy juguetones,
no se alejan de la madre.

El lobo lleva comida para él y la loba,
además cuida el refugio contra águilas y coyotes.

Las crías tienen ya dos meses de vida y cambiaron de dientes. Ya no beben leche y juegan a morder las orejas y patas de sus padres.
Ahora comen alimento que sus padres mastican y devuelven para ellos.

Tanto el macho como la hembra les enseñan
a cazar en grupo.
En el bosque la vida es dura. Muchos cachorros
mueren antes del primer año por el clima,
por enfermedad o porque son devorados
por otros animales.

A los ocho meses los lobos ya pueden valerse
por sí mismos.
Se separan de los padres y vagan solitarios
por el bosque.

Viven al aire libre. Por dos años no aúllan ni marcan territorio. Pero un día, buscarán a una hembra solitaria o se unirán a una pequeña manada. Y así, junto con su pareja, aullarán y tendrán crías. Siempre lejos del hombre y en lo más profundo del bosque.

¿QUÉ TE PARECE?

1. ¿Por qué están desapareciendo los lobos?

2. ¿A qué edad aúllan los lobos y por qué?

3. ¿Encuentras algún parecido entre la vida familiar de los lobos y la de tu familia?

4. ¿Cómo se ayudan los lobos entre sí para sobrevivir?

ESCRIBE EN TU DIARIO

Si tuvieras la oportunidad de ayudar a los lobos, ¿qué harías?

T E M A

VIAJES Y NOMBRES

¿Has viajado alguna vez a lugares con nombres extraños? ¿Cómo te sentirías si cambiaras de nombre? Aquí vas a conocer a un pajarito que viaja a lugares con nombres extraños y cómo se sienten unos insectos al cambiar de nombre.

Í N D I C E

El porqué de

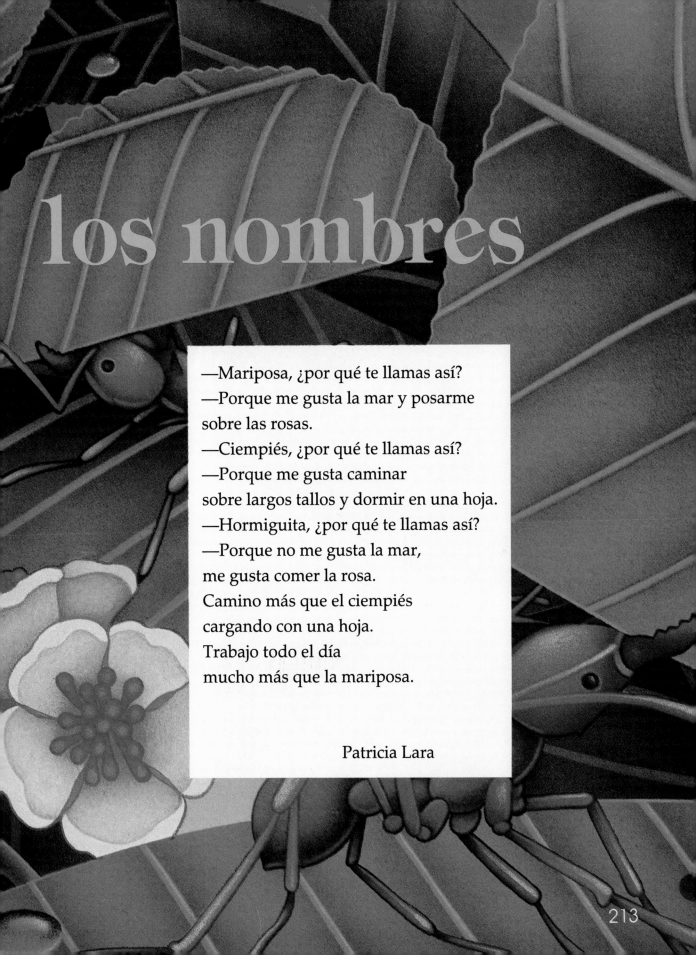

los nombres

—Mariposa, ¿por qué te llamas así?
—Porque me gusta la mar y posarme
sobre las rosas.
—Ciempiés, ¿por qué te llamas así?
—Porque me gusta caminar
sobre largos tallos y dormir en una hoja.
—Hormiguita, ¿por qué te llamas así?
—Porque no me gusta la mar,
me gusta comer la rosa.
Camino más que el ciempiés
cargando con una hoja.
Trabajo todo el día
mucho más que la mariposa.

Patricia Lara

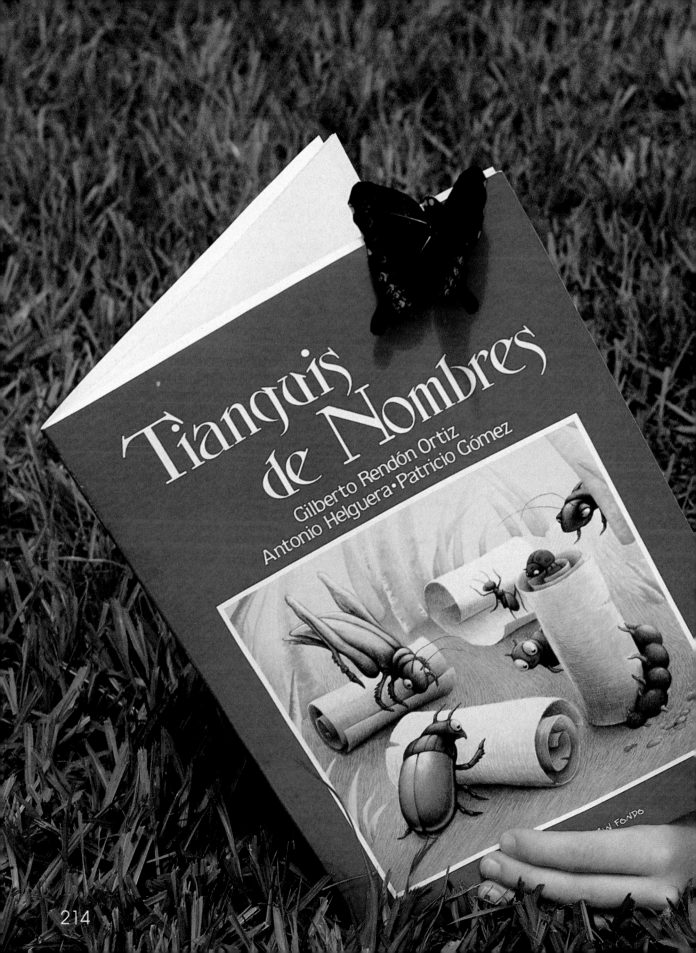

Tianguis
de Nombres

Gilberto Rendón Ortiz
Antonio Helguera • Patricio Gómez

El matorral de nuestra historia parece un matorral común y corriente, pero no lo es tanto como parece porque en él ocurre algo singular: todo anda de cabeza.

Quizás la culpa sea de la cucaracha reina, quizás sea de los insectos bobos o, a lo mejor, nadie tiene la culpa, ¿cómo saberlo? Lo cierto es que un día del verano la cucaracha reina abrió allí un puesto para vender nombres a los insectitos.

Se puso ante un hongo nanacate muy pequeñito, a modo de escritorio y con una semilla de diente de león, a la que cortó los pelitos, dedicóse a escribir en papel de fumar y con una grana de cochinilla, docenas de nombres para sus futuros clientes.

Escogió los nombres más extraños que pudo inventar y, para asegurar el éxito de su empresa, contó que era el último grito de la moda de París.

—¡Nombres excelentes, exclusivos y estupendos! —voceaba la cucaracha reina con su dicción defectuosa.

La mariposa tornasolada tenía sus dudas respecto a la utilidad de un nuevo nombre y se acercó al tianguis por simple curiosidad.

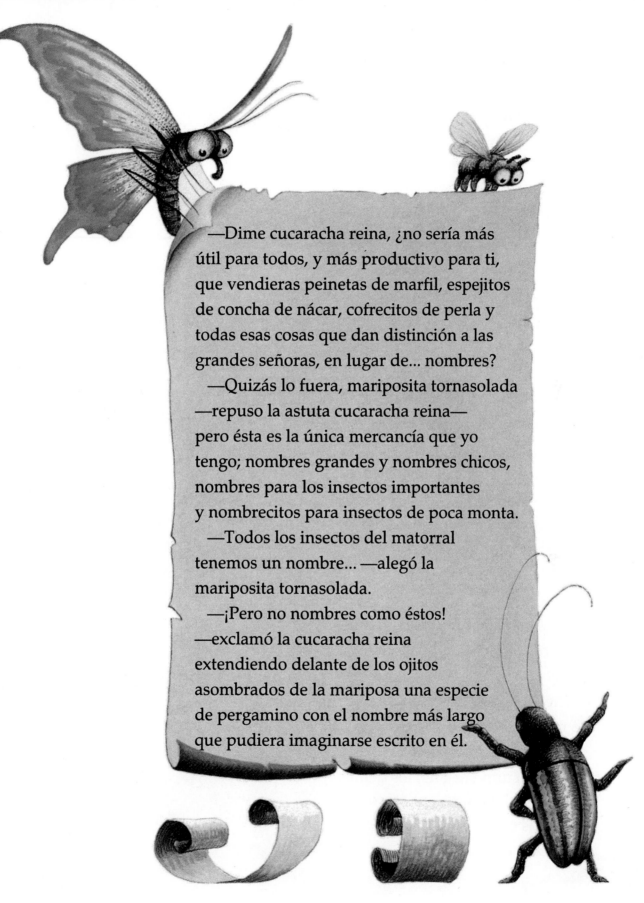

—Dime cucaracha reina, ¿no sería más
útil para todos, y más productivo para ti,
que vendieras peinetas de marfil, espejitos
de concha de nácar, cofrecitos de perla y
todas esas cosas que dan distinción a las
grandes señoras, en lugar de... nombres?

—Quizás lo fuera, mariposita tornasolada
—repuso la astuta cucaracha reina—
pero ésta es la única mercancía que yo
tengo; nombres grandes y nombres chicos,
nombres para los insectos importantes
y nombrecitos para insectos de poca monta.

—Todos los insectos del matorral
tenemos un nombre... —alegó la
mariposita tornasolada.

—¡Pero no nombres como éstos!
—exclamó la cucaracha reina
extendiendo delante de los ojitos
asombrados de la mariposa una especie
de pergamino con el nombre más largo
que pudiera imaginarse escrito en él.

Leyó la cucaracha reina:

¡MALACATIDERMITES
EPIGMENBRUNOSOT *(a)*
OCHICHORNIYA RODRÍGUEZ DE LAS
HERAS Y DE LOS MONTEROS!

La mariposita tornasolada, que por cierto, nunca fue a la escuela, se quedó boquiabierta al ver tantos signos curiosos en el papel.

—Pero quizás tú no necesites un nombre tan largo —escondió el papel la maliciosa cucaracha reina —sino sólo un nombrecito como éste —agregó extendiendo un pedacito de papel amarillento con tres letras.

—¡Oh, no!—se apresuró a decir la mariposa tornasolada—. Yo necesito un nombre realmente ostentoso, como aquél.

—Por tratarse de ti, sólo te cobraré veinticinco buches de miel. Es decir, a razón de tres letras por buche, ¡una ganga!, y van dos letras de regalo por compra de mayoreo.

A la mariposa tornasolada siguieron, uno por uno, los demás insectos del matorral, primero indecisos o curiosos, y luego realmente entusiasmados.

221

Durante todo el día se les vio volar,
saltar, correr y arrastrarse para llevar
a la cucaracha reina un buche de miel
tras otro.

Todos adquirieron el nombre más
grande que podían pagar con miel,
néctar, melaza o polen azucarado.

Como la mariposa tornasolada podía volar de flor en flor, reunió los veinticinco buches de miel que costaba el nombre aquel de setenta y siete letras que nos tomamos el trabajo de escribir líneas atrás.

Como el tlaconete babosa sólo pudo llevar una gota de rocío bañada de néctar de campánulas, obtuvo el nombre más corto de todos: *G.U.S.*

—Una letra para el primer nombre, otra para el segundo y la tercera para el apellido —explicó la cucaracha reina— los puntos son gratis.

Y desde la mariposa tornasolada hasta el tlaconete babosa, cada comprador recibió un certificado con el nombre nuevo claramente garrapateado, con el objeto de comprobar sus derechos de propiedad.

Y cada insecto puso su huella digital impresa en otro papelito.

Con ellos se quedó la cucaracha reina, para comprobar que ahora era dueña de los nombres viejos de cada animalito.

Sin embargo, después de la compra, los insectos andaban muy orondos con su nombre nuevo, paseando de un lugar a otro para saludarse mutuamente.

—¡Hola *Caziatchisliporioteo Alumcatintipas Sánchez Domínguez*! —saludaba la catarina motitas al pasar sobre una ramita donde se cobijaba el abejorro.

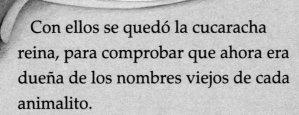

—¡Hola *Amontrixofanius Carabalietos* (a)! —respondía el abejorro con orgullo al escuchar su nombre tan largo.

Fuera de la presunción de unos y de la envidia de otros, los insectos eran felices a su manera con los nombres nuevos que tenían, aunque, por supuesto, no tan felices como la cucaracha reina con toda la miel que le llevaron.

Convencidos de que su nombre era el último grito de la moda de París y de que era el más adecuado para insectos tan distinguidos como ellos, se ofendían mucho cuando alguien se confundía y los llamaba con el nombre antiguo, lo cual era frecuente, pues con sus cerebritos de insecto, eran incapaces de retener en la memoria tantos nombres, tan grandes y extraños.

Sin embargo, esa felicidad y confusión no duraron mucho tiempo. Una tardecita apareció en el matorral una niña encantadora. Se llamaba Tenchi y lo echó todo a perder, como verán enseguida.

Ocurrió que Tenchi buscaba ayuda para acabar con una plaga de pulgones que invadieron un rosal del jardín de su casa.

—Mariposita linda —le dijo a la mariposa tornasolada— dime por favor dónde puedo encontrar a la catarina motitas, que necesito librar de pulgones mi rosal.

—¿Eh? ¿Me hablabas a mí?

—Sí, a ti, mariposita linda —repuso la nena—, ¿quieres decirme dónde puedo encontrar a la catarinita?

—Pues has de saber que no me llamo mariposita linda —aclaró— sino *Malacatidermites Epigmenbrunosot* (a) *Ochichorniya Rodríguez de las Heras y de los Monteros*, y en cuanto a la catarina motitas, no conozco a nadie con ese horrible nombre, aunque espera. ¿No andarás buscando a *Amontrixofanius Carabalietos* (a)?

—No —respondió la niña conteniendo la risa que le daban los nombres—. Gracias *Malaca...ca...tedermis* —exclamó y regresó a su casa.

Allí le contó a su hermano Toño que en el matorral había una mariposa que se decía llamar de una manera muy chistosa.

—Algo así como *Malacalaca Etilmembrosa Ornilla Rodríguez de las Hiedras...* y Toño no lo quería creer y fue al matorral a comprobarlo él mismo.

—¡Hola chapulincito! —se acercó saludando al primer insecto que vio.

—¿Hay por aquí alguna mariposa llamada *Malacalaca Etilmembrosa Ornilla Rodríguez de las Hiedras*?

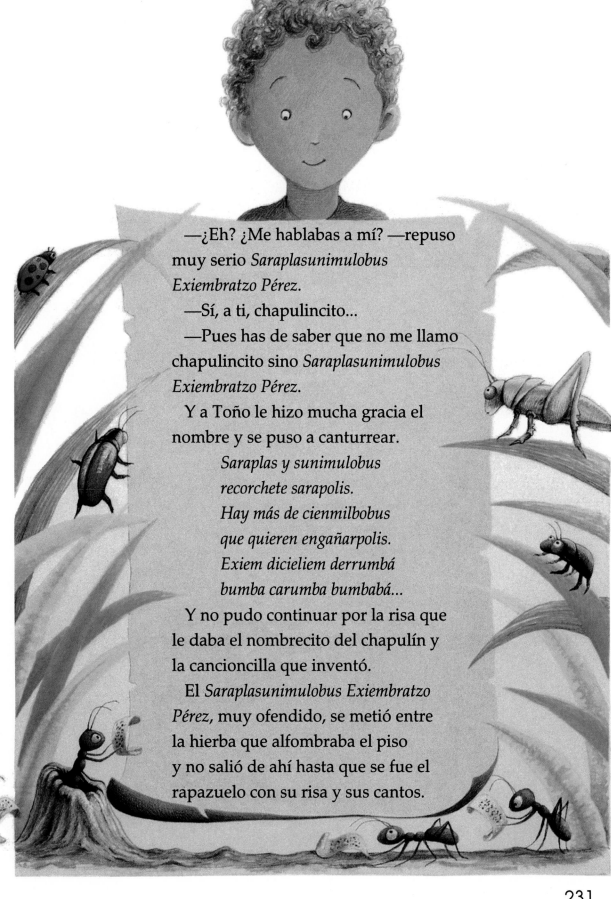

—¿Eh? ¿Me hablabas a mí? —repuso muy serio *Saraplasunimulobus Exiembratzo Pérez*.

—Sí, a ti, chapulincito...

—Pues has de saber que no me llamo chapulincito sino *Saraplasunimulobus Exiembratzo Pérez*.

Y a Toño le hizo mucha gracia el nombre y se puso a canturrear.

> *Saraplas y sunimulobus*
> *recorchete sarapolis.*
> *Hay más de cienmilbobus*
> *que quieren engañarpolis.*
> *Exiem dicieliem derrumbá*
> *bumba carumba bumbabá...*

Y no pudo continuar por la risa que le daba el nombrecito del chapulín y la cancioncilla que inventó.

El *Saraplasunimulobus Exiembratzo Pérez*, muy ofendido, se metió entre la hierba que alfombraba el piso y no salió de ahí hasta que se fue el rapazuelo con su risa y sus cantos.

Luego se puso a pensar y pensar y, como quiera que sea, aún con un cerebrito de insecto, pensando es posible descubrir la verdad de las cosas.

El *Saraplasunimulobus Exiembratzo Pérez* empezó a sentirse un insecto con nombre nuevo. «¿No era mejor el que tenía antes?», se decía. «Sí, pero, ¿y la moda de París?»

Ahora no le importaba pues lo habían ridiculizado tanto que todavía sentía deseos de llorar. En el tianguis de nombres antiguos, ningún muchachito se habría reído de él. Iría, pues, a pedir a la cucaracha reina que le devolviese su nombre.

En el tianguis de nombres, la cucaracha reina ya estaba preparada para un nuevo negocio.

233

Poco antes había estado con ella la catarina, bueno, la *Amontrixofanius Carabalietos* (a), muy triste porque le contaron que una niña la había ido a buscar por su antiguo nombre y no la encontró.

Nada le gustaba más a este insecto que visitar los jardines de rosas y trató de recobrar el nombre antiguo con el que le conocían las niñitas.

Sólo que la cucaracha reina había puesto un precio tan alto a los antiguos nombres viejos que, por más que trató la *Amontrixofanius Carabalietos* (a) de comprar su antiguo nombre, sólo pudo pagar cinco buches de melaza y recibió por ellos un nombre viejo que no era suyo: *Araña sacabuche del zacate*. Y el pobre chapulín tuvo que conformarse con el único nombre que pudo pagar: *Gorgojo carapelada*.

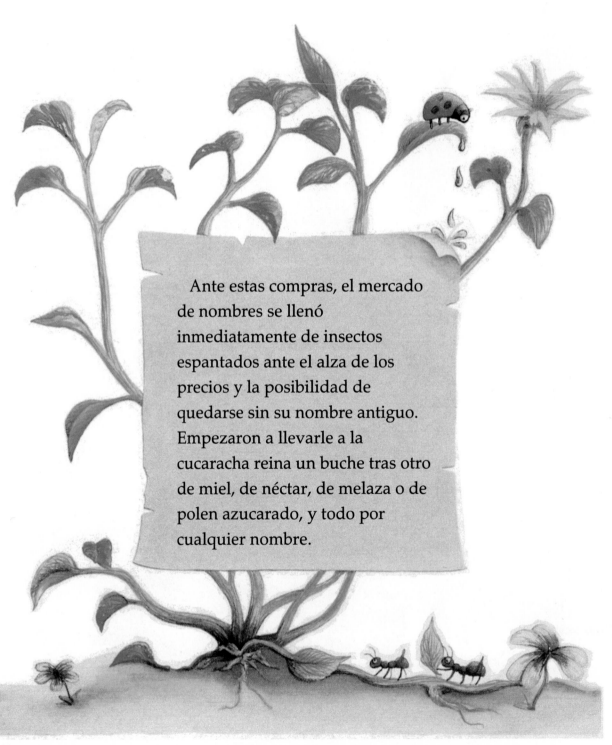

Ante estas compras, el mercado de nombres se llenó inmediatamente de insectos espantados ante el alza de los precios y la posibilidad de quedarse sin su nombre antiguo. Empezaron a llevarle a la cucaracha reina un buche tras otro de miel, de néctar, de melaza o de polen azucarado, y todo por cualquier nombre.

Sólo la *Malacatidermites Epigmenbrunosot* (a) *Ochichorniya Rodríguez de las Heras y de los Monteros* trabajó intensamente para recuperar el nombrecito de mariposa tornasolada, pero cincuenta y cinco buches de néctar son demasiados para una *Malacatidermites* etcétera y al final se quedó con el único nombre que quedaba aparte del suyo: *Tlaconete babosa*.

Y en cuanto al tlaconete babosa como no pudo pagar un nombre viejo sigue llamándose *Gus. Gus*, no *G.U.S.* porque los puntos se borraron con el tiempo.

Si alguna vez tropiezas con un matorral en donde los insectos tienen los nombres cambiados, lo más seguro sea el matorral de nuestra historia. Porque, si bien la cucaracha intentó repetir su negocio en otras partes, no en todos lados son los insectos tan bobos y donde no se reían de ella hasta dolerles la barriga de tanta risa, la sacaban corriendo para que nunca jamás volviera por ahí.

¿QUÉ TE PARECE?

1. ¿Por qué quisieron los insectos cambiar sus nombres?
2. ¿Por qué la cucaracha se quedó con los nombres viejos?
3. ¿Alguna vez has querido algo sólo porque está de moda, como hicieron los insectos? Explica.
4. ¿Cómo se dieron cuenta los insectos del error que cometieron?

ESCRIBE EN TU DIARIO

Imagina que te han cambiado el nombre. ¿Cómo crees que te sentirías y qué harías para recuperarlo?

Los viajes

Un pescador, vecino de Bilbao,
cogió, yo no sé dónde, un bacalao.
—¿Qué vas a hacer conmigo?
(el pez le preguntó con voz llorosa).
Él respondió: —Te llevaré a mi esposa:
ella, con pulcritud y ligereza,
te cortará del cuerpo la cabeza;
negociaré después con un amigo,
y si me da por ti maravedises,
irás con él a recorrer países.
—¡Sin cabeza! ¡Ay de mí! (gritó el pescado),
y replicó directo el vascongado:
—¿Por esa pequeñez te desazonas?
Pues hoy viajan así muchas personas.

Juan Eugenio Hartzenbusch

Cuentos de un
Martín Pescador
y su viaje por México

Martha Sastrías de Porcel

SITESA
SISTEMAS TECNICOS
DE EDICION, S.A. de C.V.

Querido Martín:

No sabes qué gusto me ha dado enterarme de la maravillosa aventura que vas a vivir. Estoy seguro de que te comportarás como todo un Martín Pescador y que le darás a las páginas del cuento donde habitarás tu acostumbrada alegría y amor por las cosas tan bellas que tienen los humanos. Comprendo que quieras ir a todos los rincones de México, pero como eso no puede ser, disfruta los lugares que visites. Te aseguro que todos serán una pequeña muestra de grandeza y hermosura de cada estado de la República. Espero que termines el libro pronto para que lo pueda leer antes de que mi vista se apague.

¡Suerte, hijo!
Tu abuelo,
Martín Pescador I

Las flores de hilo

—¿Cómo llegué aquí? —preguntó Martín Pescador al verse entre flores bordadas y en el regazo de una joven yucateca.

—Venías muy cansado y el aire te trajo hasta acá.

—¡Ah, eso lo explica todo! ¡Qué lindo vestido! —añadió Martín que no quitaba la vista del mantón de flores bordadas del huipil y la falda blanca que portaba la muchacha.

—Ésta debe ser una fecha importante, ¿o me equivoco?

—No te equivocas, estamos celebrando la fiesta de los Reyes Magos —respondió la joven.

—Sé que estoy en Yucatán, pero ¿en qué parte exactamente? —interrogó el pájaro.

—En Tizimín.

—Ya sé, no me digas más. ¡La fiesta de los Reyes Magos en Tizimín es una de las más famosas de la Península! ¡Qué suerte tuve en venir a caer aquí! —comentó alborozado Martín Pescador.

Desde ese momento la joven decidió que el simpático pájaro sería su compañero durante las celebraciones.

—Hoy es 30 de diciembre. Me gustaría mucho que me acompañaras a la vaquería, la que llamamos la «Alborada de la Fiesta».

Martín se sintió verdaderamente adulado por la invitación y aceptó de mil amores. Disimuladamente se apartó de la chica, compuso su copete y alisó sus plumas.

—¿A qué hora nos vamos? —preguntó.

—En este mismo momento —repuso la joven.

Se encaminaron a la explanada donde se celebraría la tradicional danza. Por el camino se les unieron bailadores y bailadoras que venían de diferentes regiones del estado.

Al compás de varios sones y jaranas yucatecas las parejas

empezaron a bailar. Martín seguía alegremente el ritmo de la música y a su compañera.

Los rodeaba mucha gente que admiraba el colorido de los trajes y la belleza de las mujeres y, por supuesto, a un hermoso pájaro que se había colado en la fiesta. A media noche, Martín acompañó a la joven al patio de su casa y arrancaron un árbol de ceiba pequeño.

—¿Para qué lo quieres? —preguntó intrigado Martín.

—Lo llevaremos al coso taurino, lo plantaremos en el centro del ruedo y después bailaremos.

—¿Solitos tú y yo?

—No —sonrió la chica—, todos los que estábamos en la danza.

—¡Ah vaya! —suspiró aliviado.

Llegaron a la plaza de toros y, como lo había indicado la joven, plantaron la ceiba en el centro junto con los demás danzantes. Después sonó la música y empezaron a bailar alrededor de la ceiba, a la que llaman «yaxché».

Pero algo sucedió; a Martín se le atoró una uña de la patita en una de las flores bordadas del vestido de su compañera y, como por encanto, se fue desprendiendo hasta dejar el traje completamente blanco. Martín, apenado, juntó el hilo y lo escondió entre sus alas. La joven estaba tan concentrada en la danza que no lo notó. Pero cuando el baile terminó se dio cuenta de lo que había pasado y empezó a llorar.

—Mañana no podremos asistir a la «pozolada», fiesta del pozol, nuestra bebida tradicional hecha de maíz fermentado. ¡Oh!, y por la tarde tampoco podremos ir al «baxatoro».

Martín se sentía muy mal. Por su mente pasaban imágenes de tejedoras, costureras e hilanderas que había visto en su ir y venir por los estados de la República. ¡Cómo deseaba ser una de ellas para poder reparar el traje de su compañera!

245

Era ya de madrugada cuando la joven se acostó y dejó su vestido a un lado de su lecho. Martín se posó encima de él, sacó el montón de hilos que traía escondidos y con una destreza hasta entonces desconocida para él, con su pico bordó las flores y el huipil quedó igual que antes.

—Despierta, despierta, te tengo una sorpresa —susurró al oído de su compañera.

—No lo puedo creer. ¿Quién me trajo este nuevo vestido? —exclamó al despertar.

—No es nuevo. Fíjate bien, es el mismo —dijo Martín.

—¡Es verdad! pero, ¿qué ha pasado? ¡No entiendo! ¿Quién lo ha hecho?

—Un pajarito —murmuró Martín sonriente.

Feliz, la muchacha abrazó a Martín Pescador. Ya no durmió más y se preparó para las celebraciones.

Entre baile y baile la gente recitó «bombas»:

En la puerta de tu choza
hay sembrado un tamarindo
pero tú eres más hermosa
y tu semblante más lindo.

Martín no se quedó atrás y en un instante improvisó su bomba:

Qué bien que vine a caer
a esta tierra de Tizimín.
Más linda es esta mujer
que las flores de su huipil.

Todos aplaudieron al pájaro y éste, muy orgulloso, le guiñó el ojo a su compañera. Después fueron al «boxatoro» que quiere decir «jugar al toro».

Martín se divirtió mucho viendo a los jóvenes de Tizimín lidiando un toro cebú.

Cuando salieron del coso taurino, Martín se tuvo que despedir de la bella joven yucateca pero, por supuesto, no sin antes probar el exquisito Relleno Negro, un tradicional platillo maya.

La joven le regaló un abanico de encaje con flores bordadas. Martín Pescador lo guardó en su morral y levantó el vuelo sin rumbo fijo.

La falda bordada

Martín Pescador pasó tres días como turista en el puerto de
Acapulco. Conoció sus bellas playas, visitó los más afamados
restaurantes y bailó en una discoteca. Sin embargo, esa vida
tan agitada no le llamaba mucho la atención, así que prefirió
sobrevolar el territorio guerrerense y visitar algún sitio más
tranquilo. Después de un buen rato de vuelo, hasta sus oídos
llegó el eco de un teponaztli y sintió que el aire se llenaba de
alegría. Estaba llegando a Zitlala, un pueblo al oriente de
Chilpancingo.

La población entera llenaba las calles. Un grupo de hombres
con máscaras multicolores y otros vestidos de tigres danzaban
alrededor del teponaztli y el caballito de madera, las reliquias
más antiguas del pueblo. Las mujeres ataviadas con faldas
azul marino con franjas bordadas, bailaban en el centro.
Solamente Juana Silva no participaba de la celebración. Era la
mujer más anciana del lugar y se encontraba en su cuarto
sentada en una silla de palma contemplando una falda azul
marino con franjas bordadas que estaba sobre la cama.

Martín Pescador, sin saber por qué, en vez de unirse a la
gente en las calles, se dirigió a la casa de la anciana.

Empujó la puerta con suavidad, entró despacio y se sentó
en la orilla de la cama. La mujer no se dio cuenta de su
presencia.

—¡Qué honor era para mí salir a danzar con mi dueña en este
día de fiesta! —habló la falda con cierta nostalgia.

Martín se la quedó mirando y no supo qué responder.
Entonces escuchó lo que decía la anciana:

—¡Qué alegres eran aquellos días cuando lucías en mi
cintura y no te quedabas abandonada en una cama!

Martín tuvo una idea. Tomó la falda con su pico y la empezó
a jalar. Con mucho cuidado la fue acercando a la anciana.

248

—¿Qué tratas de hacer? —preguntó la falda.

—Aguarda y verás —contestó Martín.

—¡Cuidado, me ensucias! Mejor déjame donde estoy. Quiero seguir conversando con mi dueña —replicó la falda.

—Ten paciencia. Tu dueña y tú pronto tendrán una sorpresa —dijo Martín firmemente.

La anciana seguía contemplando la falda. No se daba cuenta de que ésta se movía y que cada vez estaba más cerca de ella.

Martín aleteaba alrededor de la mujer y con el pico detenía la falda.

Después de muchos intentos logró que la anciana luciera la falda alrededor de la cintura. En ese mismo instante las arrugas de Juana desaparecieron, sus débiles piernas cobraron fuerzas y se levantó de un salto. Su pelo lucía gruesas trenzas y cintas rojas.

—¡Se me ha hecho tarde! ¡Todos están afuera celebrando! —gritó alegremente.

La anciana corrió con la agilidad de la juventud y se unió al grupo de mujeres que danzaron por varias horas.

Martín Pescador no se unió al bullicio de las calles, aunque no dejaba de escuchar la música y el zapateo de los danzantes. Se sentó en la silla de la anciana y aguardó a que todo terminara.

Al anochecer, cuando todos regresaron, encontraron a Juana dormida. Una sonrisa embellecía su cara llena de arrugas. La falda seguía sobre la cama.

—¡Mira qué feliz se ve la abuela! Cualquiera diría que estuvo danzando todo el día como en sus buenos tiempos.

Nadie notó la sombra de un pájaro que salió por la ventana, pero a lo lejos, en el silencio de la noche, pudieron escuchar

esta canción:

Nadie lo cuenta
nadie lo dice
pero las aves sabemos
que en Zitlala los sueños
se vuelven verdaderos.
Zitlala, Zitlala,
pueblo de Guerrero.
Máscaras, tigres y faldas
se unen en alegre danza
el día de San Nicolás Tolentino.

Los sombreros

Como le había sucedido ya varias veces, Martín Pescador se encontró de pronto en un lugar desconocido. ¿Quién lo había llevado ahí? ¿Cómo había llegado? Era un misterio. Pero Martín, a pesar del enigma, se sentía tranquilo. Caminó por las calles del lugar y le sorprendió el olor a humedad que despedían casi todas las casas. No pudo reprimir su curiosidad y llamó a la puerta de una de ellas. Un hombre salió y le dio la bienvenida.

—No quisiera interrumpir sus ocupaciones pero, ¿sería tan amable de explicarme por qué huele tanto a humedad?

—Por lo visto no sabes dónde te encuentras —respondió el hombre.

—A decir verdad, no lo sé.

—Verás, pequeña ave, estás en Becal, en el estado de

251

Campeche. Aquí se hacen los famosísimos sombreros de jipi o Panamá, como les gustes llamar.

—Pero dígame, ¿por qué ese olor a humedad? —insistió.

—Sígueme y te mostraré —propuso el hombre.

Salieron al patio trasero donde había una cueva subterránea; el olor se hacía cada vez más intenso. Entraron a la cueva y Martín se quedó admirado; el sitio estaba lleno de bellísimos sombreros. Varios tejedores entrelazaban una fibra de palma larga y angosta con gran maestría. Sin embargo, el asunto de la humedad todavía no estaba claro, así que volvió a preguntar.

—¿Por qué huele tanto a humedad? —reiteró Martín.

—¿Todavía no lo entiendes? —inquirió el hombre.

—Lo siento, pero todavía no —repuso Martín, que empezó a sentir que sus plumas se le pegaban.

—Yo te lo explicaré —habló uno de los sombreros—. Lo que sucede es que la fibra de la palma enana con la que nos tejen es muy fina y delicada y para que no se rompa necesita estar en un lugar húmedo. Casi toda esta población se dedica a la creación de sombreros como yo. Tienen cuevas subterráneas como ésta que son muy húmedas y ahí trabajan.

—Ahora comprendo. Gracias por la explicación.

El hombre le mostró con orgullo varios modelos de sombreros que le parecieron muy bonitos. Algunos con ala ancha que aparte de proteger contra el sol, embellecerían a cualquiera que los usara. Otros con tejido calado que lucían muy elegantes.

De pronto lo asaltó una idea. ¡La boda de su amiga la gaviota! Qué hermosas se verían las aves si pudieran usar un sombrero de Panamá para la ceremonia. Pero... los que ahí se tejían eran demasiado grandes. Una de las tejedoras adivinó los pensamientos de Martín Pescador y compartió sus ilusiones.

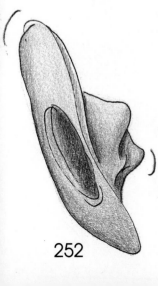

Esa noche la tejedora no durmió. Con sus manos diestras y
la bella fibra de «huano», que así se llama la palma enana,
hizo pequeños sombreros para Martín Pescador y sus amigos.
A la mañana siguiente le dio la sorpresa al ave que no cabía
de gozo al ver las obras de arte que le estaban regalando.

Dio las gracias a la tejedora y guardó los sombreros en su morral; se quedaría con uno como recuerdo de Becal y llevaría los demás a los invitados a la boda de la gaviota.

Volaba Martín rumbo a los mares del Caribe, donde se celebraría la ceremonia, cuando recordó que tenía el encargo de hacer una invitación muy especial a las gaviotas del río Champotón. Así que enfiló sus alas hacia el primer río que navegaron los europeos en América y que tal parecía que desde entonces seguía igual. En ambas orillas había enormes manglares; tallos y raíces entrelazadas formaban un tupido cerco de todos los tonos de verde y seguía siendo el hogar de aves silvestres: garzas, palomas y gaviotas.

Al llegar Martín Pescador saludó a las gaviotas y cumplió su misión. Después alzó el vuelo. Al pasar sobre las ruinas de la gran ciudad maya Edzná, pensó en lo maravilloso que sería poder viajar al pasado y conocer a los grandiosos arquitectos mayas que construyeron más de doscientas ciudades en Campeche.

Martín dejó de soñar y apresuró el vuelo. La ceremonia todavía no empezaba cuando llegó, así que tuvo tiempo para entregar los sombreros.

Aún el día de hoy por los cielos se escucha que jamás se vieron aves más elegantes que las que lucieron los preciosos sombreros Panamá, regalo de una tejedora de Becal.

Las calabazas

—Auuu, auuu —escuchó Martín Pescador que alguien lloraba. Eran las calabazas del campo que se quejaban con amargura.

—¿Qué les sucede, por qué están tristes?

—Hemos oído decir que hay hadas que convierten a las calabazas en carrozas y que se vuelven mágicas. A nosotras nadie nos hace caso. Éste no es un lugar encantado.

—¡Tonterías! —replicó Martín—, ustedes viven en uno de los lugares más bellos de México, nada menos que en el estado de Chiapas, así que ¡alégrense!

—¡Queremos ser mágicas! ¡Queremos que vengan las hadas y nos lleven a otros sitios! —dijeron las calabazas sollozando.

Martín no sabía qué responder a la petición de las calabazas sollozantes, así que muy a su pesar las tuvo que dejar con sus sueños y tristezas.

Caminó por una vereda cubierta de maleza que lo llevó a una amplia carretera. Los pocos autos que pasaban por ahí frenaban al ver al pájaro jalando su morral. Algunos le ofrecían llevarlo, pero Martín prefirió seguir su camino a pie.

No dejaba de pensar en las calabazas tristes. De pronto, en la lejanía, escuchó voces provenientes del campo.

—Quizá sean las hadas que van por las calabazas —se dijo muy entusiasmado.

Se apartó de la carretera y con paso muy ligero se dirigió al lugar de donde venían las voces.

—Mmmm —murmuró decepcionado al ver a varios hombres cazando insectos.

Dio media vuelta y caminó unos cuantos metros, pero su curiosidad no le permitió dar un paso más. Dio otra media vuelta y llamó a uno de los cazadores.

—Oye, oye, ¿me escuchas?

El hombre volteó y al ver a la extraña ave se acercó.

—¿Me llamas a mí, pequeño pájaro?

—Sí, mi nombre es Martín Pescador y te quiero hacer una pregunta.

—Tú dirás.

—¿Para qué quieres estos insectos? ¿Acaso los vas a llevar a un laboratorio para estudiarlos?

—Nada de eso —contestó el hombre. Los queremos para extraerles la grasa.

—¿Y para qué necesitas esa grasa, eh?

—Para hacer laca y pinturas con las que se adornan las jícaras y los guajes.

—¡Ah! ¿Y cómo se llama el insecto que da pinturas?

—¡Qué gracioso pájaro, todo lo quiere saber! —exclamó el hombre. Se llama aje.

—¡Qué chistoso nombre! —rió Martín Pescador, y sin detenerse a pensar en lo que le habían explicado volvió a la carretera. En realidad lo que le inquietaba eran las calabazas que querían ser mágicas.

—¿Será posible? —se preguntó—, ¿podría yo hacer algo por ellas?

Por más que pensaba en trucos de magia no hallaba la solución.

—¡Imposible! ¡Las calabazas no pueden ser mágicas ni encantadas por hadas! ¡Las calabazas son un fruto muy sabroso y nada más! —afirmó con decisión.

Siguió su camino y llegó a un poblado que olía a laca y a pintura. Guiado por un impulso se dirigió donde había muchas mujeres lijando y pintando... ¡unas calabazas!

Despacio se acercó a ellas y las reconoció. Ni qué dudarlo, éstas eran las calabazas tristes.

—¡Ya somos felices! —cantaron a coro. Mira Martín, las hadas de este lugar nos están convirtiendo en calabazas mágicas. ¿Ya viste qué hermosas flores nos adornan y qué bonitos colores nos acarician?

Martín no podía creer lo que estaba viendo. Eran los guajes más bonitos que jámas había visto.

Él también quiso convertirse en «hada mágica» y pidió a las artesanas que trabajaban con tanto empeño y destreza, que le permitieran adornar una calabaza o guaje, como también se les conoce.

Viendo el entusiasmo del pájaro, aceptaron de buena gana.

—Tendrás que seguir algunas instrucciones —le advirtieron.

—No hay problema, yo haré todo lo que se me ordene.

—Primero debes cortar la parte de la calabaza que servirá de tapa. Después, con cuidado sacas las semillas y dejas limpio el interior.

Muy diligente, Martín hacía todo lo que le indicaban.

—Ahora hay que lijarla por dentro y por fuera hasta dejarla tersa.

Martín lijó y lijó hasta que la calabaza parecía un brillante pulido.

Entonces le dieron la laca que se hace con la grasa de los insectos que los hombres estaban cazando. Le mostraron cómo aplicarla y le dijeron que debía poner muchas capas de ese material tan especial.

—Una, dos, tres, cuatro... —iba cantando Martín. Cuando llegó a veinte gritó triunfante:

—¡Ya terminé!

—Muy bien, muy bien, solamente te falta el toque final. Con estas pinturas adorna la calabaza a tu gusto.

Por la mente de Martín Pescador desfilaron miles de paisajes que había contemplado a través de sus viajes por México; altas montañas, lagunas transparentes, bosques, flores. Hubiera querido pintar todo ese bello espectáculo, pero no cabía en su pequeño guaje. Decidió hacer lo que todas las pintoras hacían: plasmar en las jícaras, guajes y otros objetos la campiña de su tierra: Chiapas de Corzo.

Recordó las bellas flores y pájaros que había visto en el camino y con gran destreza los dibujó en el guaje.

Las exclamaciones de admiración no se dejaron esperar.

—¡Qué guaje tan bonito! ¡Qué hermosa obra de arte! ¡Esto es digno de que todo el mundo lo admire!...

Sonriendo, el pájaro dijo para sus adentros:

—Ejem, ejem ¡toda una obra de Martín Pescador!

Las artesanas estuvieron de acuerdo en que esa pieza de arte debería ser exhibida en el Museo de la Laca como recuerdo del pájaro Martín Pescador que un día ayudó a las mujeres de Chiapas de Corzo a decorar un guaje.

La decisión halagó a Martín, pero no pudo mostrarse contento porque él hubiera querido llevarse su calabaza con todos los demás tesoros de su morral.

—¿Por qué estás tan triste Martín? ¿No te alegra que tu pintura sea algo especial? —le preguntaban todos al verlo cabizbajo.

—Sí, me da mucho gusto, pero yo la quería para mi colección de recuerdos. —Por eso no te preocupes. Aquí tenemos una variedad muy amplia de objetos decorados con laca y pintura brillante. Puedes escoger el que más te guste.

Le mostraron cofres, baúles, jícaras y camerinos.

Escogió un camerino, que es un nicho de madera adornado con flores de colores muy brillantes.

Los ojitos de Martín Pescador se alegraron. Guardó el camerino en el morral y se fue cantando.

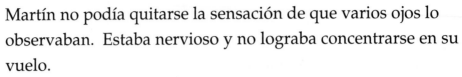

Martín no podía quitarse la sensación de que varios ojos lo observaban. Estaba nervioso y no lograba concentrarse en su vuelo.

Dio vueltas en el mismo sitio tratando de descifrar el enigma, pero no descubría nada. Arriba, el cielo parecía una tranquila laguna y abajo las nubes jugaban entre sí. Más abajo, en la tierra, no se notaba ningún movimiento fuera de lo común. Sin embargo, podría asegurar que lo miraban detenidamente.

Con suavidad, pero lleno de inquietud, descendió y llegó a un extraño sitio. No había rastro de vida humana. A pesar de la soledad seguía sintiendo que lo miraban. Muy decidido, empezó a buscar. Caminó por tierras desiertas y bajo el sol ardiente. Se pudo dar cuenta de que se encontraba en una isla inmensa y desierta. Más de pronto descubrió huellas de pies humanos.

—¿Qué es esto? —exclamó al ver bien marcadas en la arena las pisadas recientes de alguna persona.

Dando saltitos fue siguiéndolas hasta llegar cerca de la playa. Se sorprendió al ver más de una docena de Martines Pescadores de madera. Estaba totalmente desconcertado. Volvió a mirar y no sólo había pájaros como él, sino ballenas, gaviotas, delfines ...

—¿Hay alguien aquí? —llamó con insistencia.

Nadie le respondió. Después de un rato escuchó voces en un idioma que no entendía y vio a un grupo de indígenas seris que venían cargando unos troncos de madera muy pesados. Martín se acercó y sin saludar comenzó a preguntar:

—¿Quiénes son ustedes? ¿Por qué hay tantos Martines Pescadores? ¿Cómo los hicieron?

Los hombres lo miraban y sonreían, pero no le contestaban.

—Por favor —insistió—, digan algo.

Uno de los hombres se acercó y le dijo:

—Lo que pasa es que no entienden. Yo sí hablo tu idioma y te voy a explicar todo lo sucedido:

—Cuando volabas sobre esta isla que se llama Tiburón y que pertenece al estado de Sonora, te vimos y tu figura nos gustó mucho, así que te observamos detenidamente para poder hacer tu escultura en palo fierro, la madera que aquí traemos.

—¡Con razón sentía que no me quitaban la vista de encima! —exclamó alegremente.

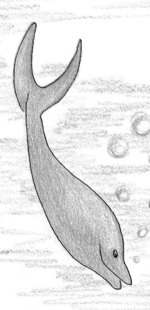

Después pidió a los hombres que le enseñaran cómo trabajan la madera que según pudo apreciar era tan dura como el metal.

Uno de los dos hombres de inmediato sacó un machete y un cuchillo y con gran destreza fue golpeando y cortando el palo hasta darle forma de foca.

Martín estaba maravillado, veía saltar las astillas y el rápido movimiento de las manos del seri; era increíble la velocidad con la que trabajaba. Después, con más calma el hombre fue afinando los detalles hasta terminar una escultura perfecta.

Martín saltó de gusto.

—¡Qué hermosa figura! Estoy seguro que tus esculturas son dignas de estar en un museo —manifestó entusiasmado.

El hombre se sintió muy halagado y sin decir una palabra abrió el morral de Martín y con mucho cuidado puso la foca entre los tesoros del pescador.

Batiendo sus alas alegremente Martín le dio las gracias y le pidió que lo llevara a conocer la isla.

Caminando por la playa, recogieron almejas y pequeños pulpos que había bajo las piedras.

El hombre le platicó que la isla Tiburón es la más grande de todo México y que él y su gente no vivían ahí, que sólo iban a pescar y a hacer sus esculturas. Ellos habitaban en un caserío seri llamado Punta Chueca.

El sol ya estaba desapareciendo en el horizonte cuando Martín se despidió, pero antes de alzar el vuelo preguntó:

—¿Oye, y qué vas a hacer con los Martines Pescadores de madera?

—Los voy a vender —respondió el hombre—, pero tendré mucho cuidado en escoger a los compradores —agregó sonriendo.

Martín se fue llevando en el pensamiento la imagen de las figuras de palo fierro y del indio seri que fue su compañero. Por largo rato voló sobre tierras de Sonora. Pasó por Hermosillo, por la ruta de las misiones y sobre el puerto de Guaymas que desde la lejanía se distinguía por la cantidad de barcos pesqueros que flotaban en sus aguas. También pudo contemplar el inmenso desierto con su gran variedad de flores, que lo inspiraron y llenaron de recuerdos.

Hay quien cuenta que los camaleones, iguanas y lagartijas del desierto cantaron y bailaron al compás de una canción que Martín compuso el día que salió de la isla Tiburón.

Tres hermanos

La nube le servía de almohada y la brisa de transporte.
Martín estaba aprendiendo a «vivir bien». A pesar de tener
los ojos cerrados, veía el rojo del sol y sentía su calor.

—¡Qué feliz soy! Esto se llama «buena vida» —suspiró
mientras volaba suavemente.

De pronto, un vientecillo fresco lo hizo estremecerse. El cielo
se nubló y su almohada se desintegró en miles de gotas de
lluvia. Sintió que la cabeza se le iba para atrás y que caía al
vacío.

—Deténte Martín, cuidado Martín, estás en peligro Martín
—le gritaba el viento.

A duras penas pudo agarrarse de una gota de agua que se
dirigía al suelo a gran velocidad. Iba tan rápido que no le dio
tiempo de gritar, solamente cerró los ojos, frunció el ceño y se
abrazó de la gota lo más fuerte que pudo.

—Plash, plash, plash —se oyó cuando Martín Pescador y la
gota cayeron en una poza donde, a pesar de la lluvia, varios
niños nadaban.

—Vengan a ver lo que cayó al agua —gritó el más chico.

Todos se acercaron a donde había caído «la cosa» y se
quedaron sorprendidos al descubrir que era un hermoso
pájaro. Con cuidado lo sacaron y lo cubrieron con una toalla.

—¿De dónde vendría? —preguntó Andrés.

—Del cielo, tonto —respondió Julián.

—Es un pajarito muy raro. No se parece a los que yo
conozco —agregó Conchita.

Todo les parecía muy extraño. La lluvia había cesado en el
instante en que el pájaro cayó en el agua y el ave era muy
peculiar.

—¿Será que estamos soñando? —se preguntaron los
hermanos.

—No están soñando —dijo Martín Pescador al mismo tiempo que se desbarataba de la toalla que lo cubría. —Estoy aquí por distraído, eso es todo.

Los niños lo acabaron a preguntas hasta que se convencieron de que decía la verdad. Por su parte, Martín también los interrogó y supo que se encontraba en una de las pozas de los manantiales llamados Los Chorros, cerca de Saltillo en el estado de Coahuila.

De súbito, Martín interrumpió la plática y pegó un grito tremendo:

—¡Mi morral! ¡Se perdió mi morral!

Daba vueltas para todos lados y no dejaba de repetir una y otra vez que se había extraviado su morral.

—Por favor, ayúdenme a buscarlo —rogó angustiado.

Los niños, que conocían bien la región, de inmediato trazaron un plan: Julián y Andrés explorarían por los alrededores de Arteaga y Conchita buscaría por los manantiales.

Martín les agradeció su apoyo y se alistó para acompañar a los dos niños.

Caminaron muchas horas por las huertas de manzana sin ningún resultado. Se aventuraron a escalar el Pico San Rafael, la montaña más alta del Norte de la República, pero encontraron la tarea tan difícil que decidieron regresar a Los Chorros, donde los esperaba Conchita.

—¡Sorpresa! —gritó la pequeña en cuanto los vio. —Ya sé dónde está el morral.

—¿Dónde? —preguntaron todos.

—En el fondo de la poza.

—Jamás lo podremos sacar de ahí—exclamaron los niños desilusionados.

Pero la mente de Martín trabajaba a gran velocidad y pronto encontró una solución. Llamó a los pequeños y les explicó:

—Ustedes me amarran una cuerda larga al cuello, yo me hundo hasta el fondo, recojo el morral, con el pico tiro la cuerda, ustedes me jalan con fuerza y ¡asunto arreglado!

Pero la cosa no era tan sencilla, pues los chiquillos no tenían una cuerda ni manera de conseguirla por ahí.

Daban vueltas y vueltas tratando de encontrar algo que les sirviera.

Después de un rato y como si se hubieran puesto de acuerdo, los tres cogieron la toalla, la hicieron tiras y las amarraron hasta tener una cuerda aceptable. Y tal como Martín lo había pedido, se la ataron al cuello. Unos cuantos segundos después de la operación, el pájaro y su morral estaban fuera de la poza.

Los niños y el ave se abrazaron con alegría.

Martín les enseñó sus tesoros que, para sorpresa de todos, estaban totalmente secos. Los hermanos, felices, empezaron a cantar:

> Hoy un pajarito
> nos enseñó
> que en la República Mexicana
> hay tesoros de a montón.
> Él colecciona recuerdos
> de todos lados
> a donde va.
> Pero nosotros
> con él
> nos queremos quedar.

El cariño que los hermanitos le mostraron conmovió a Martín y estuvo tentado a quedarse con ellos para siempre. Pero todavía le faltaba mucho camino por recorrer, así que con pesar se despidió de ellos.

Como recuerdo les dejó tres plumas de su hermoso copete. Los niños le dijeron adiós y le prometieron guardar su regalo toda la vida.

¿QUÉ TE PARECE?

1. En cada cuento se aprende algo. Explica el mensaje común de todos los cuentos.

2. En el cuento "La falda bordada", ¿qué hace Martín? ¿Por qué tiene una sonrisa la anciana al final del cuento?

3. ¿Has viajado alguna vez? ¿Conociste personas simpáticas? ¿Qué regaló Martín a los chicos en el cuento "Tres hermanos"?

4. Escribe una de las cosas buenas que hace Martín en cada cuento.

ESCRIBE EN TU DIARIO

Imagina que has ganado, como premio, dos boletos de avión. ¿Adónde irías y por qué? ¿Con quién irías?

Visión de antaño

En mi tierra
todo chilla, todo canta.
Las paredes
de los templos y las casas,
de colores
diferentes son pintadas;
casas verdes,
casas rojas, casas blancas
y amarillas
y celestes y rosadas.
Las iglesias
en sus torres y fachadas
mil colores
combinados desparraman.

En los trajes
ya de seda, ya de lino,
ya de lana,
mil matices se destacan,
ya en los chales,
ya en los mantos, ya en las sayas
con reflejos
de violetas llamaradas,
ya de ponchos
con sus listas y sus franjas,
ya en las grandes
ondulosas y plegadas
capas negras
con sus vueltas encarnadas.
Grita el suelo
con el roce de las llantas
de carretas
que se cruzan encumbradas
con los tallos
sacarinos de la chala
o los brotes
perfumados de la alfalfa.

Vibra el aire
con el ruido de campanas
de cien torres
que repican o que llaman
y pregones
que renuevan sus cantatas
con cien voces
unas graves, otras altas;
unas breves
como gritos de llamada,
largas otras
cual lamentos y plegarias;
todas ellas
se confunden, todas cantan
y se mezclan,
produciendo con sus raras
vibraciones
un enjambre de sonatas.

A pie enjuto,
en sus carros, a horcajadas
en sus asnos,
en sus mulas o en sus jacas
vendedores
que se cruzan y que pasan,
cantan fruta,
cantan leche, cantan agua,
y turrones
y melcochas y empanadas
y refrescos
y tamales y fritangas
y alfileres
y botones y percalas.
En los muros
y en las calles asoleadas
los colores
y los ruidos se entrelazan.

Es mi tierra
pintoresca y casquivana
que se viste
de colores y que canta.

Hernán Velarde

TEMA

PROBLEMAS Y MISTERIOS

En estos cuentos vas a saber cómo sus personajes les dan solución a los misterios y a los problemas. Conocerás a un muchachito muy tímido que, con su talento, fabricaba algo diferente, ¡mágico! También vas a leer sobre un pueblo que no puede encontrar su único reloj. ¿Te imaginas a todo un pueblo sin hora ni horarios? ¡Vamos a leer y resolver los problemas y misterios!

ÍNDICE

Canción de cuna

Apegadito a mi pecho
te siente ya el corazón.
Mañana estarás despierto
como un cielo de ilusión. . .
Y tus manitas serenas
volarán, como dos alas
mojadas en luz de estrellas,
para tocarme la cara.

Tus lindos ojos azules
como retazos de mar,
están fijos en la cumbre,
de mi anhelo maternal.

Irán tus ojos al sueño
con mi canción de cristal
que se hace largo desvelo
sobre tus manos de azahar.

Duérmete, duérmete, nene,
en el nidito de amor
que en mi regazo te mueven
dos brazos llenos de sol.
Apegadito a mi pecho
te siente ya el corazón. . .
Mañana estarás despierto,
como un cielo de ilusión.

Amelia Ceide

Benjamín era un muchacho pequeño, gordito y feliz, que por timidez casi nunca hablaba. Siempre estaba canturreando, exactamente como un jilguero; si bien, claro está, él era mucho más grande que los jilgueros.

Benjamín vivía en un pueblo con sus padres jubilados. Su mamá se ocupaba de cuidar un pequeño cacto, pero también tocaba la tuba. Su papá se entretenía criando ratones blancos y practicaba el arpa.

Por las tardes, ensayaban su música...¡En el baño!

—La música suena mejor aquí dentro —solía decir el padre.

—¡Bah, bah, bah! —respondía la madre riéndose—. Todo es porque tienes miedo de que los vecinos se enojen por el ruido y golpeen las paredes.

Cada mañana, Benjamín se despedía cariñosamente de sus padres, a los que quería mucho, y se iba a trabajar. Como la mayoría de la gente del vecindario, estaba empleado en la fábrica de almohadas.

278

La tarea de Benjamín era cerrar las almohadas de plumas con una finísima costura en cada extremo.

Toda la gente decía que había algo mágico en esas almohadas, pero nadie se imaginaba por qué.

—Es porque están hechas con plumas de ganso —decían algunos.

—Es por lo que comen los gansos —decían otros.

—Es que los gansos están embrujados —susurraban algunos más.

—Se me hace que están hechas con pluma de bruja —bromeaba alguien.

279

Pero había algo en lo que todo el mundo estaba de acuerdo: esas extraordinarias almohadas daban a la gente un sueño profundo y delicioso. Tan profundo, que ni el más ruidoso de los despertadores era capaz de perturbarlo.

Con la cabeza apoyada en una de esas maravillosas almohadas, los adultos dormían como bebés.

Hasta el sereno del pueblo podía dormir fácilmente porque los ladrones roncaban toda la noche.

La historia de las almohadas mágicas se difundió por todas partes.

Un día llegó al pueblo un curioso autobús. Era ancho y pequeño y venía lleno de gente de tierras lejanas.

Los vecinos del lugar nunca antes habían visto algo parecido y sospecharon que la presencia del autobús con sus extraños pasajeros algo tenía que ver con la fábrica de almohadas.

—Vinieron a investigar —dijo el tendero.

—¡Quieren nuestro secreto! —exclamó uno de sus clientes.

—¿Cómo van a robarnos un secreto que ni siquiera nosotros sabemos? —se preguntaba la hija del tendero.

En realidad, los recién llegados habían venido a comprar almohadas para venderlas en sus propios países.

281

Don Arturo, el dueño de la fábrica, les mostró las instalaciones a sus visitantes, quienes quedaron tan bien impresionados que hicieron pedidos de miles y miles de almohadas.

En tanto, una mujer se detuvo al escuchar a Benjamín que, como siempre, tarareaba. Al oírlo su rostro se iluminó.

—Discúlpeme... —le dijo a Benjamín que sonrió al mirarla. Era demasiado tímido para hablar con desconocidos, de manera que siguió canturreando. —Mi nombre es Mona Delópera, y me fascinaría que usted cantara en mi teatro, en Italia.

Benjamín levantó la cabeza y sintió una vergüenza enorme. Como estaba realmente confundido para poder hablar, sólo dijo:

—Sí, —Y siguió canturreando.

¡Así fue como Benjamín y sus padres partieron rumbo a Italia!

Al poco tiempo el trío familiar se hizo famoso en todo el mundo.

El tiempo pasó y pasó y Benjamín, el muchacho gordito y feliz, seguía cantando.

La gente se amontonaba en la Casa de la Ópera para escuchar las interpretaciones del trío.

Sin embargo algo más había ocurrido. Las almohadas mágicas habían perdido su magia. Los clientes comenzaron a protestar:

—Déjeme decirle que sus extraordinarias almohadas son en realidad bastante ordinarias...

—Sus almohadas nos tienen despiertos toda la noche.

—Usted quiere darnos gato por liebre.

Don Arturo no entendía por qué las almohadas habían perdido su magia. ¿Estaría haciendo demasiadas? ¿O sería que las plumas ya no eran tan buenas como antes?

Se desesperaba pensando, se jalaba los cabellos y caminaba de un lado a otro. Tanto se preocupó, que se enfermó.

Don Arturo estuvo en cama durante varios días, y siguió acongojado por sus almohadas.

—No entiendo, las estamos haciendo de la misma manera —repetía una y otra vez.

Llegó a ponerse tan fuera de sí, que hizo trizas su propia almohada.

Las plumas salieron volando y lentamente la habitación se inundó de una música suave.

¿Qué era lo que escuchaba Don Arturo?

Era, nada más y nada menos que la voz de Benjamín saliendo de la almohada.

—¡Eureka! —gritó.

Entonces, don Arturo divulgó el secreto de las almohadas mágicas y el pueblo se sintió feliz al escuchar la noticia.

Don Arturo pidió a Benjamín que regresara a la fábrica. Suavemente, porque era muy tímido y no hablaba mucho, Benjamín le explicó que era feliz en su nuevo trabajo y que no quería volver a la fábrica.

Pero tuvo una idea:

Benjamín haría con sus padres una gira alrededor del mundo. De ese modo, la gente de todas partes podría llevar sus almohadas a los conciertos. Al abrirlas, la voz de Benjamín se quedaría en ellas. Así, todas las almohadas comunes se transformarían para siempre en almohadas mágicas.

¿QUÉ TE PARECE?

1. ¿Cómo era Benjamín al principio del cuento? ¿Y al final?

2. ¿Cuál era el secreto de las almohadas? ¿Qué provocaban?

3. Si te hicieras famoso, ¿crees que serías tímido como Benjamín? ¿Por qué?

4. ¿Qué idea tuvo Benjamín para resolver el problema de las almohadas?

ESCRIBE EN TU DIARIO

Si tuvieras la oportunidad de complacer a todos, ¿qué harías?

ALMANAQUE

El tiempo nos conduce
por sus casas de cuatro pisos
con siete piezas. Sala, dos recámaras,
comedor, patio, cocina
y cuarto de baño.
Cada día cierra una puerta
que no volveremos a ver
y abre otra sorprendente ventana.

Salvador Novo

290

Celebración de la fantasía

Fue a la entrada del pueblo de Ollantaytambo, cerca del Cuzco. Yo me había desprendido de un grupo de turistas y estaba solo, mirando de lejos las ruinas de piedra, cuando un niño del lugar, enclenque, haraposo, se acercó a pedirme que le regalara una lapicera. No podía darle la lapicera que tenía, porque la estaba usando en no sé qué aburridas anotaciones, pero le ofrecí dibujarle un cerdito en la mano.

Súbitamente, se corrió la voz. De buenas a primeras me encontré rodeado de un enjambre de niños que exigían, a grito pelado, que yo les dibujara animalitos en sus manitas cuarteadas de mugre y frío, pieles de cuero quemado: Había quien quería un cóndor y quien una serpiente, otros preferían loritos o lechuzas, y no faltaban los que pedían un fantasma o un dragón.

Y entonces, en medio de aquel alboroto, un desamparadito que no alzaba más de un metro del suelo, me mostró un reloj dibujado con tinta negra en su muñeca:

—*Me lo mandó un tío mío, que vive en Lima*—dijo. —*¿Y anda bien?*—le pregunté.

—*Atrasa un poco* —reconoció.

Eduardo Galeano

El Misterio del Tiempo Robado

Sarah Corona • Martha Avilés

COLECCIÓN BARRIL SIN FONDO

294

Hubo una vez, no me acuerdo bien cuándo fue, que en mi pueblo perdimos el tiempo. No quiero decir que nos hayamos dedicado a no hacer nada. Ni tampoco que hubieran venido a distraernos desde la mañana hasta la noche. No. Tampoco fue eso. En realidad nos quitaron el tiempo: alguien robó el único reloj de mi pueblo.

Una mañana, todos nos despertamos tarde, porque el reloj de la plaza que daba las horas había desaparecido.

Desde ese momento, todo cambió.

En mi pueblo ya no sabíamos si era hora de comer o de merendar.

Don Pancho, abría tan tarde su tienda que se formaba una larga cola de gente esperando para hacer su compra. Finalmente estaban todos tan enojados, que hasta querían llevarse la mercancía sin pagar.

Sucedió que Jorge, su hijo, llegó tan tarde a recoger los huevos al gallinero, que ya se habían convertido en pollitos.

Las maestras llegaban tarde a sus clases y los alumnos disfrutaban de recreos más largos.

El periódico, que generalmente ofrecía las noticias más recientes, ahora salía de noche, perdiendo su palpitante actualidad.

El pobre Chirimilo, que vendía plátanos asados y camotes por la tarde, pasaba con su silbato anunciándose a la medianoche, cuando ya ni en sueños los niños y los ancianitos deseaban comprar.

298

El sabroso pan dulce y la leche recién ordeñada que normalmente se
servían tempranito en los desayunos del pueblo, no estaban listos antes del
mediodía.

301

Los únicos que seguían como si nada eran los animales. Sin saber cómo, el gallo cantaba al amanecer, y el burro (que demostraba no ser tan burro), seguía rebuznando a la hora acostumbrada.

Para tratar de solucionar el problema, los mayores empezaron a medir el tiempo de otra manera.

Decían: «Ahí va el tren, deben ser las doce», o cuando se ponía el sol decían: «Deben ser alrededor de las siete.»

También empezaron a relacionar el tiempo con las cosas que sentían; cuando tenían hambre, sueño o cansancio, lo relacionaban con una hora determinada.

Como los niños ahora jugaban más, se dedicaban a inventar cosas. Entre otras muchas, crearon diversos tipos de relojes que sirvieron para resolver un poco el problema.

Pero no eran tan prácticos ya que el reloj de sol no funcionaba de noche y el de arena sólo servía durante una hora.

Para contar los días, llenaban un frasco con siete caramelos y comían uno (y sólo uno) cada día. Cuando el recipiente se vaciaba, quería decir que había transcurrido una semana.

Los sistemas inventados no pudieron reemplazar al viejo y querido reloj de la plaza, de modo que Jaime y sus amigos idearon un plan.

Consistía, sencillamente, en construir otro reloj y usarlo como carnada para el ladrón, que seguramente intentaría robarlo de nuevo.

Se decidieron por el del sol, y usaron como manecilla una rama seca del viejo árbol que había en medio de la plaza.

Para marcar el tiempo señalaron con estacas numeradas los lugares que recorría el sol y bastaba con mirar la «manecilla de sombra» para saber qué hora era.

Esa noche esperaron muy quietos, escondidos en diferentes lugares. De repente, ¡zas!, una sombra saltó sobre la rama elegida por los niños:

—¿Será el ladrón? —se preguntaban casi sin respirar.

Pero la sombra pronto se alargó, estirándose sobre el árbol y mostrando el esbelto cuerpo de un gato que se afilaba las uñas con placer.

Más tarde, cuando los pequeños vigilantes estaban casi dormidos, los sorprendió una desafinada melodía. Un hombre, ni joven, ni viejo, cantaba con entusiasmo:

> Reloj no marques las horas
> porque voy a enloquecer
> ella se irá para siempre
> cuando amanezca otra vez.

Seguramente el dueño de la voz era el ladrón. Un corazón enamorado anhela que el momento sea eterno, para estar con su amada.

Pero de nuevo se equivocaron, la implorante voz, junto con el hombre, desaparecieron en la oscuridad.

Finalmente apareció una sombra sigilosa, que con rapidez desenterraba las señales que habían puesto esa mañana, se oía su respiración agitada y hasta parecía que hablaba solo.

Los niños se lanzaron decididamente sobre ella, le arrancaron la bolsa y le iluminaron la cara con una linterna.

Y entonces se quedaron asombrados:

—¡Pero si es don Diego, el relojero!

Después del susto y mientras se sacudía el polvo, don Diego contó su historia.

El tiempo pasaba, y él se sentía cada vez más viejo, más solo. Poco a poco todos los relojes del pueblo habían sido ya imposibles de arreglar. Nadie quería fabricar las pequeñas piezas que hacían falta para componerlos. Quedaba únicamente un reloj funcionando, el de la plaza. Y hasta era un buen reloj, que no le daba mucho trabajo.

Para colmo, parecía que los niños y los jóvenes ya no querían conversar con él. Entonces para él las estaciones del año parecían transcurrir cada vez con mayor lentitud, entristeciéndolo aún más.

Se sentía tan abandonado, que un día tuvo una idea descabellada: llegó a pensar que si robaba el único reloj que funcionaba, el tiempo se detendría y él ya no envejecería más.

313

A la mañana siguiente, ya se había reunido casi todo el pueblo en la plaza para saber qué había pasado.

Al oír la historia del viejo relojero, los que escuchaban se sintieron un poco culpables: unos se habían olvidado de visitar a don Diego, otros ni lo conocían, pero la mayoría no había tenido tiempo de platicar con él.

Don Diego devolvió el reloj y entre todos lo colocaron en la plaza del pueblo. Entre abrazos, lo perdonaron y se comprometieron a encontrar la forma de fabricar las pequeñas piezas que requería don Diego para reparar los otros relojes.

Entonces don Diego prometió enseñarles a los niños cómo se componen los relojes de cuerda.

Desde ese día, hubo reloj y también hubo tiempo para muchas cosas.

¿QUÉ TE PARECE?

1. ¿Qué le pasó al pueblo al no tener el reloj? ¿Cómo funcionaban las personas sin horario?

2. Al no tener reloj, ¿cómo contaban los días?

3. ¿Has creado algo alguna vez por tener mucho tiempo? ¿Qué fue?

4. ¿Quién era el ladrón? ¿Por qué se robó el reloj?

ESCRIBE EN TU DIARIO

Imagina que no tienes reloj. Escribe cinco cosas que haces todos los días que no podrías hacer sin reloj.

Adivina, adivinador

¡Adivina, adivinador!
Vino a mi casa un gran señor,
¡Tic-tac! ¡Tic-toc!

Cuando llama toca el timbre
y es petizo y barrigón.
¡Tic-tac! ¡Tic-toc!

Tiene dos cuchillos negros
y patitas de gorrión.
¡Tic-tac! ¡Tic-toc!

En la espalda tiene llaves
y ganzúas de ladrón.
¡Tic-tac! ¡Tic-toc!

Se ha venido con paraguas
y no llueve ni hace sol.
¡Tic-tac! ¡Tic-toc!

Adivina, adivinador
¿Quién es este gran señor?
¡Tic-tac! ¡Tic-toc!

José Sebastián Tallón

T E M A

UN FINAL FELIZ

En este cuento vas a entrar en el mundo de la fantasía y la magia. Vas a conocer a un rey caprichoso, una princesita que quiere escapar, un sabio y un jovencito listo. ¡Ahora vamos a leerlo a ver lo que pasa!

Í N D I C E

321

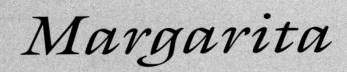

Margarita

A Margarita Debayle

Margarita, está linda la mar
y el viento
lleva esencia sutil de azahar;
yo siento
en el alma una alondra cantar:
tu acento.
Margarita, te voy a contar
un cuento.

Éste era un rey que tenía
un palacio de diamantes,
una tienda hecha del día
y un rebaño de elefantes,
un kiosco de malaquita,
un gran manto de tisú
y una gentil princesita
tan bonita,
Margarita,
tan bonita como tú.

Una tarde la princesa
vio una estrella aparecer;
la princesa era traviesa
y la quiso ir a coger.

323

La quería para hacerla
decorar un prendedor,
con un verso y una perla,
una pluma y una flor.

Las princesas primorosas
se parecen mucho a ti:
cortan lirios, cortan rosas,
cortan astros. Son así.

Margarita, está linda la mar,
y el viento
lleva esencia sutil de azahar:
tu aliento.

Ya que lejos de mí vas a estar,
guarda, niña, un gentil pensamiento
al que un día te quiso contar
un cuento.

(Fragmento)

Rubén Darío

LAS TRES
MANZANAS
DE NARANJA

Ulalume González de León   Carlos Pellicer López

Me contaban en mi infancia historias de reyes y princesas, hadas y brujas de Ninguna Parte. Ninguna Parte es el país donde suceden cosas en las que nadie cree, cosas como las de este cuento que voy a contarles, tal y como todavía lo recuerdo.

Había una vez un rey, caprichoso y tonto. Tenía una hija que era lo que más amaba en la vida, pero deseaba casarla con el príncipe de Salsipuedes, sólo porque éste era rico y poderoso. La princesa lo hallaba en cambio viejo y aburrido, y cada vez que él llegaba de visita, escapaba a caballo del castillo y se iba a platicar en el pueblo con estudiantes de su edad. Ella era muy joven y alegre. Cuando reía, un precioso hoyuelo se formaba en su mejilla izquierda y el sol brillaba más fuerte.

Un día cayó gravemente enferma. Se borró el hoyuelo, y todo el reino de Ninguna Parte se llenó de niebla. No sabían los médicos qué enfermedad tenía. Y el rey, asustado, hizo venir de las montañas a un sabio llamado Perlimplín, que tenía fama de mago. Después de ver a la princesa, Perlimplín dijo al rey:

—En el país que se llama Lejos-Lejos, hay un jardín maravilloso. Sólo se aparece, como una isla, cuando se acerca una persona joven. En medio del jardín crece un árbol que da manzanas de naranja. Un muchacho debe traerle tres a su hija. Cuando ella coma la primera, podrá levantarse de su cama. Cuando coma la segunda, empezará otra vez a sonreír. Y cuando coma la tercera, te pedirá que la cases con el joven que haya traído esas frutas, y sonreirá tan a menudo que no quedará en el reino rastro de la niebla.

En la plaza del pueblo, los mensajeros tocaron el tambor:
¡rataplán, plan, plan, plan!... ¡rataplán, plan, plan!, y anunciaron a la gente
que la princesa se casaría con el muchacho capaz de traerle las tres
manzanas de naranja que necesitaba para curarse.

Pero el caprichoso rey pensaba: «Diré a quien las traiga que sólo se casará
con la princesa después de pasar por tres pruebas tan difíciles que él
preferirá irse en paz a su casa. ¡Y casaré a mi hija con el príncipe de
Salsipuedes!»

Vivía en el pueblo una panadera viuda que tenía tres hijos. Todos
trabajaban por las mañanas en la panadería y por las tardes estudiaban.
Pero los dos mayores, perezosos y malcriados, lo hacían todo sin ganas.
Sólo el menor era amable y trabajador.

—Madre —dijo Pedro, el mayor, cuando se enteró de lo que el rey pedía—, préstame una canasta para ir a buscar las tres manzanas de naranja—.

Pedro pensaba que, cuando estuviera casado con la hija del rey, nunca más tendría que amasar el pan o que ir a la escuela.

Pedro tardó siete semanas en llegar al país llamado Lejos-Lejos. Recogió las tres frutas, las guardó en su canasta y tomó el camino de vuelta. A la entrada del pueblo, se encontró con una mendiga. Estaba sentada en el suelo y era gris como niebla y vieja como el país de Ninguna Parte.

—¿Qué llevas en tu canasta? —preguntó la mendiga.

—Tres sapos —le respondió el muchacho con desprecio.

—¿Conque tres sapos? —dijo ella—. Así ha de ser, si tú lo dices... Cuando Pedro llegó al castillo y presentó su canasta al rey, saltaron de ésta tres sapos horribles. El rey se enfureció, y el mayor de los hermanos escapó corriendo para que no lo atraparan los hombres del palacio.

Juan, el segundo hermano era malo y se alegró de que Pedro hubiera fracasado. «Estoy harto de estudiar y trabajar», pensaba, «pero tal vez consiga las manzanas de naranja y pueda casarme con la princesa». Y emprendió el viaje al país llamado Lejos-Lejos.

Siete semanas tardó en llegar, y cuando regresaba con tres frutas también se encontró con la mendiga, gris como la niebla y vieja como el reino de Ninguna Parte.

—¿Qué llevas en tu canasta? —preguntó la mendiga.

—Tres víboras —contestó el muchacho con una mueca.

—¿Conque tres víboras? —dijo ella—. Así ha de ser, si tú lo dices… Y cuando Juan llegó al castillo con su canasta, fueron tres víboras las que saltaron a las meras barbas del rey. El rey se puso furioso, y también Juan tuvo que escapar corriendo de sus hombres.

Francisco, el menor de los hermanos, conocía a la princesa. Había platicado con ella uno de esos días en que la hija del rey escapaba al pueblo para no ver al viejo y aburrido príncipe de Salsipuedes. Ella le había dicho:

«¡Cómo me gustaría ir a la universidad! Me fastidia estudiar sola en casa con un maestro particular».

Mientras hablaban, el hoyuelo de la mejilla izquierda brillaba como el sol en el rostro de la jovencita y, desde entonces, Francisco estaba enamorado de ella.

—Voy a probar suerte —dijo a su madre—, pero no porque quiera casarme con la princesita. Una muchacha sólo debe casarse con el hombre que ella quiera. Sólo deseo ayudar a curarla. Tal vez entonces el rey me dé algún dinero y podamos comprar un horno nuevo para la panadería.

Francisco tardó un solo día en llegar al país llamado Lejos-Lejos, porque los enamorados corren como si tuvieran alas en los pies. Cuando volvía del jardín maravilloso con las tres manzanas de naranja, se encontró con la mendiga gris como la niebla y vieja como el reino de Ninguna Parte.

—¿Qué llevas en tu canasta? —le preguntó la mujer.

—Tres manzanas de naranja —respondió el muchacho sonriendo.

—¿Conque tres manzanas de naranja? ¡Me alegra que me digas la verdad!— Y ante el enorme asombro de Francisco, la vieja se convirtió en el propio sabio Perlimplín y añadió: —Soy el mago de Ninguna Parte y adivino todos los secretos del mundo: estás enamorado de la princesa y ella está enamorada de ti desde el día en que hablaron en el pueblo. Si está enferma es de no verte y de ver que su padre la ha prometido a un príncipe horrible. Pero si otro, y no tú, le diera las manzanas de naranja no se curaría.

—¿Cómo?... —preguntó Francisco todo colorado—, ¿no son mágicas?

—Bueno... Sí y no... —dijo el mago confundido—. Digamos que son mágicas cuando las tocan las manos del amor...

—¿Y dónde están las manos del amor? —preguntó Francisco.

—En la punta de los brazos de los enamorados, ¡tontito! —respondió Perlimplín—. ¡Tú tienes ahora las manos del amor!... Pero tengo que decirte un secreto que no debes repetir: en algunas cosas, los magos necesitamos ayuda... En otras, en cambio, ¡ya verás qué maravillas hacemos solos!

Perlimplín sacó de su manga un látigo, un silbato de plata y un anillo de oro, y dijo a Francisco:

—Toma, vas a necesitarlos. El rey se encapricha en casar a su hija con el príncipe de Salsipuedes, y no te dará a la princesa si no pasas tres pruebas muy difíciles. Piensa el rey que no podrás pasarlas y preferirás irte a tu casa. La primera, es que mates en una sola hora todas las moscas de Ninguna Parte. Darás entonces tres golpes con mi látigo y las moscas se irán más lejos que el país de Lejos-Lejos.

La segunda es que atrapes en una hora cien ruiseñores salvajes para las jaulas del palacio. Abrirás las jaulas y, cuando toques mi silbato de plata, los cien ruiseñores entrarán en ellas como perritos amaestrados. La tercera es que adivines un extraño nombre que el rey escribirá en un papelito. Te pondrás mi anillo de oro y tendrás el don de adivinación. Cuando termines, el látigo, el silbato y el anillo se harán humo.

También Perlimplín se hizo humo, y desapareció cielo arriba.

Al día siguiente, Francisco se presentó muy temprano en el castillo con las tres manzanas de naranja.
Cuando la princesa comió la primera, se levantó de su cama. Cuando comió la segunda, empezó a sonreír. Y cuando comió la tercera, dijo al rey su padre que quería casarse con Francisco y su sonrisa era tan alegre que el hoyuelo volvió a formarse en su mejilla izquierda y un sol espléndido acabó con la niebla en Ninguna Parte. Pero el caprichoso rey pidió al muchacho que pasara primero las tres pruebas.

341

A las diez de la mañana, Francisco dio en el aire tres golpes de látigo y todas las moscas se fueron más lejos que el país de Lejos-Lejos. A las once abrió las jaulas del castillo, tocó el silbato de plata, y cien ruiseñores salvajes entraron en las jaulas como perritos amaestrados. El rey no podía creer lo que estaba viendo, y pensó: «Voy a escribir en el papelito un nombre tan difícil que no podrá nadie adivinarlo». El reloj del castillo empezaba a tocar las doce campanadas del mediodía cuando lo escribió. Pero Francisco, poniéndose el anillo de oro, dijo el nombre completo y acabó con la última campanada:

—¡Generalísimoysapientísimoguerreropatasdecabracachiporrazo!
Tan asombrado quedó el rey, que le entró enseguida una gran simpatía por el muchacho:

—Creo que eres mucho más listo que el príncipe de Salsipuedes —dijo—. ¡Puedes casarte con mi hija!

345

Francisco y la princesa se fueron a vivir al pueblo. Mientras terminan sus estudios, Francisco sigue trabajando en la panadería de su madre.

La princesa está feliz porque lo quiere mucho y porque ahora van juntos a la universidad.

Y colorín colorado, este cuento se ha acabado.

¿QUÉ TE PARECE?

1. ¿Por qué se enfermó la princesita?

2. El rey dijo que el hombre que quiere casarse con la princesita también tiene que pasar tres pruebas difíciles. ¿Cuáles eran esas pruebas?

3. ¿Has querido escapar alguna vez como lo hizo la princesita? ¿Por qué?

4. ¿Quién quería ayudar a Francisco? ¿Por qué?

ESCRIBE EN TU DIARIO

Escribe un cuento muy breve. Puedes inventar nombres de lugares y cosas, como las del cuento.

GLOSARIO

A

abandonar Dejar a una persona o cosa: El pajarito quiere **abandonar** a los pichones en el nido.

abejorro Insecto: El **abejorro** es grande y velludo.

acongojado Oprimido, fatigado: Está **acongojado** por su enfermedad.

adquirieron Obtuvieron: Ellos **adquirieron** muchos recuerdos de su viaje.

adulado Halagado: El rey es **adulado** por sus súbditos.

advertido Avisado: El niño fue **advertido** por sus padres.

afamados Famosos: Los pintores son **afamados**.

agitada Conmovida: Al oír las tareas, la niña se puso **agitada**.

aleteaba Mover las alas rápidamente: El martín **aleteaba** las alas.

amaestrar Entrenar: Me gusta **amaestrar** animales.

amapolas Flores: Las **amapolas** son rojas.

amargo Ácido: Es una bebida **amarga**.

amapolas

anhelo Deseo: Yo **anhelo** obtener buenas notas.

aplacando Mitigando: Les están **aplacando** el ánimo.

aposento Cuarto o pieza de una casa: En mi **aposento** yo duermo.

aprovechando Empleando útilmente: **Aprovechando** el sol, fui a la playa.

aquel Que está lejos de la persona: **Aquel** pichón cayó del nido.

artesanos Artistas: Unos **artesanos** decoraron las paredes del palacio.

áspero Duro, no suave: Él es muy **áspero** con sus amigos.

astuta Sagaz, pícara: La reina no es tan **astuta** como el mendigo.

atragantarse Atascarse algo en la garganta: El bebé come despacio para no **atragantarse**.

atusa Aliza: El gato **atusa** los bigotes.

audiencia Estar en presencia de un rey: Se me concedió una **audiencia** con el rey.

aullido Voz quejosa y prolongada: El **aullido** del lobo me despertó.

bacalao

bacalao	Pez: El **bacalao** es muy voraz.
blandas	Suaves: Las habichuelas quedaron **blandas**.
bobalicón	Tonto, necio: Ese muchachito es un **bobalicón**.
bombas	Poesía: A la niña le gusta escribir **bombas** infantiles.
bordadas	Adornadas con hilo: Las sayas están **bordadas** de muchos colores.
brama	Estación del año en que los animales salvajes están en celo: Los lobos están en **brama**.
brillantes	Lustrosos: El Sol trajo los días **brillantes** del verano.
buches	Bocanadas: En dos **buches** se tomó el café.
buhardilla	Ventana en el tejado de una casa: Por la **buhardilla** vi el sol.

camada

cabalgar	Montar a caballo: Me gusta **cabalgar** en mi caballo.
calabazas	Planta comestible de fruto redondo: Hicieron dulce con la cosecha de **calabazas**.
camada	Hijuelos: En el nido había una **camada** de pichones.
camerinos	Cuartos de artistas en los teatros: Los artistas se visten en sus **camerinos**.
camotes	Plantas comestibles: Los **camotes** son raíces que se comen.
cánidos	Familia de los perros y los lobos: Los lobos son **cánidos** que están a punto de desaparecer.
canturrear	Cantar en voz baja: A los trabajadores les gusta **canturrear** mientras tejen.
capaz	Que puede hacer una cosa: Ella es muy **capaz** de graduarse.
caprichoso	De muchos antojos: Pepín era el niño más **caprichoso** de la clase.
carnada	Cebo de carne para cazar o pescar. El pez tomó la **carnada** y así lo pude atrapar.
casquivana	Alegre, atolondrada: La cocinera es **casquivana**.

catástrofe   Acontecimiento funesto: El derrumbe fue una **catástrofe**.

celestial   Del cielo o paraíso: El ángel es **celestial**.

celofán   Papel transparente: Envolví el ramillete de flores en papel **celofán**.

cesado   Dejado de ser: La función había **cesado**.

ciclo   Serie de cosas que siguen en un orden: El **ciclo** de la vida va de la niñez a la vejez.

claudicando   Dándose por vencido: Alex está **claudicando** a la necesidad de comer a la medianoche.

cluecas   Aves que quieren empollar: Las gallinas del corral están **cluecas**.

cobijaba   Tapaba con una cobija: La madre **cobijaba** al nene con su manta.

codiciosa   Ambición desordenada de riquezas: La reina era **codiciosa**.

cobijaba

comarca   Provincia: Mi tía vive en la **comarca** del norte.

cómplice   Que toma parte del delito: Francisco fue **cómplice** al robo.

confundido   Que no sabe qué hacer: El hombre estaba **confundido** por los consejos del rabino.

consejeros   Que aconsejan: Los **consejeros** guían a la gente en sus dudas.

convirtieron   Mudaron o cambiaron: Los pollos se **convirtieron** en gallinas.

copete   Cabello levantado sobre la frente: El **copete** del niño es dorado.

copete

crías   Animales recién nacidos: Los lobos no encontraban comida para sus **crías**.

curandero   Persona que se hace de médico sin serlo: El **curandero** de la aldea conoce todos los remedios.

curiosa   Peculiar, extraña: Él tiene una costumbre **curiosa**: se come el postre antes de la comida.

D

danzante   Que baila: La rama **danzante** se movía con el viento.

denuedo   Valor: El chico tiene un gran **denuedo**.

derribado   Desmantelado, destruido: El castillo de arena fue **derribado** por la muchedumbre.

desafinar   Perder la afinación: Un piano se puede **desafinar** con el aire frío.

desbordamiento   Derrame: El **desbordamiento** de un río es peligroso.

desbordante   Que se derrama: Me sirvieron una sopa **desbordante**.

descabellada   Sin orden, sin razón: La cosa se puso **descabellada**.

desgarradas   Razgadas, despedazadas: Las aves de rapiña dejaron a las presas **desgarradas**.

desbordante

destemplado   Disonante: El piano estaba **destemplado**.

devorar   Comer muy rápido: Voy a **devorar** mi comida.

digital   Perteneciente al dedo: Me tomaron una huella **digital**.

disimuladamente   De manera ocultada: El ratero pasó **disimuladamente** por debajo de la ventana.

divulgó   Dio a conocer: No **divulgó** el plan de Violeta y Rosa.

E

elogio   Alabanza: El **elogio** alienta los ánimos.

emprendió   Comenzó: Mi amigo **emprendió** un viaje muy largo.

encaminaron   Se pusieron de camino: Los visitantes se **encaminaron** hacia el museo del oro.

encantaban   Gustaban: A los niños les **encantaban** las golosinas.

enclenque   Enfermizo: El niño de la calle, **enclenque** y triste, pedía limosna.

enorme   Muy grande: Había un **enorme** castillo en la distancia.

enigma   Adivinanza: Su personalidad es un **enigma**.

enjambre   Grupo de abejas que viven juntas: En el **enjambre** hay miel.

enjuto   Delgado, flaco: El niño caminaba a pie **enjuto**, camino a la plaza.

ensanchan   Hacen más ancho: Los patios se **ensanchan** para acomodar más estudiantes.

ensillar

ensillar   Poner una silla a un caballo: Me fui a **ensillar** mi caballo.

envejecía   Se ponía viejo: El señor **envejecía** sin ver a su nieto favorito.

esbelto   Airoso, bien formado: El bailarín es **esbelto**.

esculturas   Figuras esculpidas de distintos materiales: Las **esculturas** llenaban el jardín del palacio.

estacas — Palos con puntas para clavarlos: Metieron las **estacas** en la tierra para hacer una cerca.

estanque — Receptáculo de agua artificial: Este es un **estanque** para el riego del prado.

estanque

estéril — Que no da fruto: La tierra del desierto es árida y **estéril**.

estrepitosos — De mucho ruido: Durante el recreo, los niños estuvieron **estrepitosos**.

eureka — Exclamación de satisfacción y alegría atribuída a Arquímedes: **¡Eureka!** Ya supe hacer mis tareas.

explanada — Terreno allanado: Construyeron la casa en la **explanada**.

exprimió — Apretó: Ella **exprimió** el limón para la limonada.

extinguieron — Apagaron: Los bomberos **extinguieron** las llamaradas.

exuberante — Abundante y copioso: Después de la lluvia, la cosecha fue **exuberante**.

F

fachadas — Partes exteriores de los edificios: En la antigüedad, en Europa, las **fachadas** eran muy artísticas.

fértil — Que da fruto: La tierra preparada es **fértil**.

forja — Fragua de los plateros: La **forja** de la herramienta imprime el nombre de la compañía.

frenéticamente — Con frenesí: Los niños trabajaron **frenéticamente**.

frondosa — Abundante de hojas: La selva es **frondosa**.

G

galgos — Variedad de perro: Los **galgos** son buenos cazadores.

galgos

guiño — Señal que se hace con un ojo: Yo le hice un **guiño** a mi amigo.

hacinados — Amontonados: Los animales estuvieron **hacinados** en las alturas de los árboles.

hermosa — Bella: La **hermosa** mujer le pidió que cantara.

hiedra — Planta trepadora: La **hiedra** es una planta trepadora.

higo — Fruto: A mí me gusta comer **higo**.

hipnotizado — Sueño artificial: El joven quedó **hipnotizado** con la película.

hocico — La trompa: Este perro tiene un **hocico** grande.

hogazas — Panes grandes: Las **hogazas** son grandes y deliciosas.

holgazana — Perezosa: La gata es una **holgazana**.

homo — Género de primate: Nosotros somos **homo** sapiens.

hostigándose — Azotándose: Los culpables estuvieron **hostigándose**.

huipil — Camisa azteca: La india llevaba puesto un **huipil**.

huracán — Viento violento como torbellino: El **huracán** arrancó árboles.

hurón — Mamífero: El **hurón** se parece a la comadreja y despide un olor desagradable.

hocico

hurón

idear — Inventar: Quise **idear** una manera de cruzar el muro.

implorante — Suplicante: El gatito pedía su comida de una forma **implorante**.

implorar — Suplicar: El hermano tendrá que **implorar** el perdón del rey.

impulso — Empuje, estímulo: Con gran **impulso** abrieron la puerta de la tienda.

injurias — Ofensas: El mal educado dice **injurias** a la plebe.

inmediato — Enseguida: Haga el oficio asignado de **inmediato**.

inmenso — Enorme: Nos dimos cuenta que el mar era más **inmenso** de lo que pensábamos.

inminente — Que está por suceder: El cambio de la guardia está **inminente**.

inquirir — Investigar, averiguar: Quise **inquirir** acerca de lo que ocurrió en el patio ayer.

insecto — Pequeño animal invertebrado: La cucaracha era el **insecto** más inteligente del jardín.

insoportable   Que no se aguanta: El niño se puso **insoportable**.

interpretación   Traducción, comentario crítico: La **interpretación** de la obra teatral fue fabulosa.

intrigado   Curioso: Estoy **intrigado** por las noticias.

invadir   Entrar por fuerza: El animal quiso **invadir** nuestro aposento.

inventar   Crear una cosa nueva: Quieren **inventar** algo mejor.

jaranas   Diversiones, bulla: Levantaron unas **jaranas** con motivo del cumpleaños.

jícaras

jícaras   Tazas pequeñas: La cocina está llena de **jícaras**.

jilguero   Pájaro: El **jilguero** tiene una mancha roja en la cara.

jipi   Sombrero: Al sombrero **jipi** también le dicen Panamá.

jugosas   Llenas de jugo: Eran las cerezas más **jugosas** que jamás había visto.

junco   Planta: El **junco** es una planta parecida al narciso.

laurel   Árbol: Las hojas del **laurel** se usan de condimento.

lebrel   Perro cazador: Al **lebrel** le gusta cazar liebres.

lebrel

M

madejas   Manojillos de hilo: La tejedora tiene varias **madejas** multicolores.

madriguera   Cueva donde habitan ciertos animales: Los cachorros están en la **madriguera**.

maldiciones   Imprecaciones contra una persona o cosa: Ramiro le echó **maldiciones** al perro que ladraba sin cesar.

maliciosa   Que tiene malicia: Esa gata es **maliciosa**.

manada   Hato o rebaño: La **manada** de ovejitas se echó a correr por la llanura.

manada

manglares   Sitio poblado de mangles: En los **manglares** se encuentran los mangles entrelazados y tupidos.

maravedises   Antigua moneda española: La gente usaba los **maravedises** en sus compras de mercancía.

matorral   Maleza: Los conejitos no encontraban salida del **matorral**.

melaza   Líquido espeso y dulce: La **melaza** atrae a las abejas.

melodías   Serie de sonidos sucesivos que halagan el oído: Escuchaba las **melodías** de antaño.

mendiga   Pordiosera: La **mendiga** pedía limosna.

mercancía   Objeto vendible: La **mercancía** estaba barata.

modificarla   Cambiar la forma: Hice la tarea, luego quise **modificarla**.

morada   Casa: En mi **morada** no hace calor.

mugidos   Voz del toro o de vaca: Desde lejos se oían los **mugidos** de los animales.

muralla   Pared: La **muralla** rodea a la ciudad.

murmurar   Hablar a cuchicheo: La clase comenzó a **murmurar**.

muralla

N

nana   Niñera: Mi **nana** es una viejita muy querida.

nanacate   Hongo: El **nanacate** se encuentra en los bosques.

nanacate

necesario   Que hace falta: Era **necesario** buscar el reloj para saber la hora.

nicho   Concavidad en una pared: Pusimos la estatua en el **nicho**.

O

objeción   Argumento que se opone a una afirmación: El hijo tuvo una **objeción** a la orden del padre.

obstáculos   Impedimentos: Existen muchos **obstáculos** para alcanzar nuestros ideales.

orondos   Orgullosos: Ellos se sentían **orondos** de sus nombres.

ostentoso   Suntuoso: Ella quiso un nombre **ostentoso**.

paisaje	Cuadro que representa el campo: En la playa se presenta un **paisaje** hermoso.
palpitante	Que late: El corazón lo tenía **palpitante** por la emoción.
parral	Parra o viña trepadora sostenida con armazón de madera: Me senté bajo el **parral** a descansar.
peculiar	Propio y característico de algo: El cacareo es **peculiar** de las gallinas.
peineta	Instrumento que se usa para arreglar el pelo: Me peiné el pelo con la **peineta**.

peineta

penumbra	Zona en la que se une la luz con la sombra: No se debe leer en la **penumbra**.
percató	Pensó, consideró: La maestra se **percató** de lo ocurrido.
perezoso	Que no quiere hacer nada: El niño es **perezoso**.
pergamino	Documento con algo escrito: El **pergamino** sirvió de diploma.
perplejo	Vacilante, confuso: Al tiempo de tomar el examen, Mario se quedó **perplejo**.

pergamino

perseguir	Seguir: El lobo quiere **perseguir** a la liebre.
personalidad	Individualidad: Es preciso respetar la **personalidad** humana.
pícaro	Sin vergüenza: El conejo **pícaro** le robó la comida al lobo.
pieza	Porción, parte: Necesito una **pieza** nueva para arreglar mi reloj.
plasmar	Concretarse: El artista puede **plasmar** la cara del poeta.
platicar	Hablar: No queríamos **platicar** en la clase.
plebeyo	Que no es noble: El pueblo es **plebeyo**.
poniente	Occidente: Por la tarde el sol está en el **poniente**.
posibilidad	Que puede ocurrir: Hay **posibilidad** de que va a llover mañana.
poza	Charca de agua estancada: En la **poza** hay algas.
práctica	Repetir una acción: Con la **práctica** llegó a tocar el piano de manera excelente.
prácticos	Cómodos, experimentados: Los computadores son instrumentos **prácticos** para la enseñanza.
propuso	Sugirió: El pájaro **propuso** que el elefante fuera al río.

355

prodiga	Da: Su amiga le **prodiga** buena fortuna.
pulcritud	Esmero, aseo: Su trabajo está hecho con **pulcritud**.
pulgones	Insectos: Los **pulgones** son asquerosos.

quetzal

quetzal	Ave: El **quetzal** es un pájaro lindo.

rabino	Doctor de la ley judaica: El **rabino** le aconsejaba al granjero.
raudales	Caudales violentos de agua: Después de la tormenta vinieron los **raudales**.
reclama	Pide con insistencia, insiste: El trabajador **reclama** sus sueldos.
recuperar	Recobrar: El vendedor quiso **recuperar** sus gastos con las ventas.
reemplazar	Sustituir: Ella no sabía cómo **reemplazar** el hilo perdido de su vestido.
refulgente	Que brilla o resplandece: El vidrio es **refulgente** ante el sol.
refunfuñar	Gruñir en señal de disgusto: Cuando quise que se fuera el gato de mi silla, éste empezó a **refunfuñar**.
reiteró	Volvió a hacer: La maestra **reiteró** la pregunta.
relaciones	Conexión entre una cosa y otra: Las **relaciones** entre los hermanos llegaron a un punto triste.
reluciente	Brillante: El agua del río es **reluciente.**
rencillas	Disputas de las que queda rencor: Alejandro y yo tuvimos unas **rencillas** a causa de mi mal humor.
renovar	Arreglar: Quise **renovar** mi cocina.
renuente	Remiso, reacio: El limonero estaba **renuente**.
reprimir	Contener, frenar: No pude **reprimir** los bostezos.
resistió	Soportó: El barco no **resistió** la fuerza del huracán.
retazos	Pedazos: Con los **retazos** de tela, mi tía hizo una manta.
retumbar	Resonar con mucho estruendo: El trueno va a **retumbar** en las alturas.

| **revolotear** | Volar dando giros o vueltas: Los pájaros sólo querían **revolotear** entre las flores. |
| **ronronear** | Sonido del gato cuando descansa: El viejo gato me despertaba con su fuerte **ronronear**. |

S

revolotear

semblante	Rostro, cara: El forastero tenía **semblante** de bueno.
serones	Cestos grande usados en bestias de carga: Los **serones** ya están llenos.
serrería	Aserradero: Mi padre trabaja en la **serrería**.
sigilosa	Discreta: La gata es **sigilosa**.
sisear	Pronunciar repetidamente el sonido de la s: La maestra se puso a **sisear**.
sugerencias	Recomendaciones: Las **sugerencias** de la maestra me ayudaron a terminar mis tareas con éxito.

T

tambalear	Estar desequilibrado: El niño comenzó a **tambalear** sobre el muro.
tanagrama	Rompecabezas antiguo: A mí me gusta hacer el **tanagrama**.
tapia	Pared de tierra apisonada, cerca: El pajarito quiso volar sobre la **tapia**.
tararear	Cantar sin usar palabras: El visitante llegó a **tararear** canciones de su pueblo.
tejedora	Persona que entrelaza hilos o paja: Con la magia de sus dedos, la **tejedora** creaba los mejores sombreros.
tendero	Persona que vende al por menor: El **tendero** vende mercancía en su almacén.
teponaxtli	Instrumento musical de percusión, de madera: El **teponaxtli** suena como un gran tambor.
tesón	Firmeza: El jefe manda con **tesón**.

tambalear

tendero

tianguis   Plaza, mercado: En el **tianguis** se encuentran cualquier cantidad de legumbres.

timidez   Miedo, inseguridad: Al niño lo acongoja la **timidez**.

tlaconete   Tipo de insecto: El **tlaconete** babosa se deslizó por la piedra.

tradicional   De costumbre: La muchacha llevaba un vestido **tradicional** de su pueblo.

trizas   Pedazos pequeños: Hizo el papel **trizas**.

tupido   Apretado, espeso: El jardín está muy **tupido** de matorrales.

urgió   Corrió prisa: **Urgió** la necesidad de llegar tarde.

valla   Obstáculo, estorbo: El atleta saltó la **valla** y ganó.

valla

vascongado   Natural de Álava, Guipúzcoa, y Vizcaya: Ramón es **vascongado**.

vasta   Amplia: La mar es **vasta**.

ventean   Soplan viento: Por las tardes **ventean** los vientos en el pasillo.

vigilante   Alerta, guardia: Sólo un muchacho **vigilante** pudo atrapar el ladrón.

vigoroso   Lleno de energía: El baile es ejercicio **vigoroso**.

yucateca   Yucatanense: Mérida es una ciudad **yucateca**.

zacate	Forraje de plantas: El monte está poblado de **zacate**.
zapazuelo	Muchacho: Se fue el **zapazuelo** con sus risas.
zarzamoras	Frutas: Las **zarzamoras** son deliciosas.
zarzas	Arbustos: Las hojas de las **zarzas** son medicinales.

zacate

Acknowledgments continued

Photo Credits

Key: (t) = top, (b) = bottom, (l) = left, (r) = right, (c) = center, (bg) = background

5 (t), HBJ Photo; 5 (c), HBJ Photo; 5 (b), HBJ Photo; 8–9, HBJ Photo; 10–11, HBJ/Maria Paraskevas; 12–13, HBJ/Chris Lawery; 42–43, HBJ Photo; 74, HBJ Photo; 76–77, Tony Stone Worldwide; 78, HBJ/Chris Lawery; 79, HBJ Photo; 108–109, HBJ Photo; 138–139, HBJ/Chris Lawery; 168–169, HBJ/Chris Lawery; 170–171, HBJ Photo; 172–173, HBJ/Chris Lawery; 210–211, HBJ/Chris Lawery; 214–215, HBJ Photo; 240–241, HBJ Photo; 242, HBJ/Chris Lawery; 274–275, HBJ Photo; 292–293, HBJ/Chris Lawery; 320–321, Michael Busselle/Tony Stone Worldwide; 326–327, HBJ/Chris Lawery;

Illustration Credits

Cover by José Ramón Sánchez

Chuck Abraham, 40, 41; Franklin Ayers, 106, 107, 270, 271; Greta Buchart, 134, 135; Holly Cooper, 347, 348, 349, 350, 351, 352, 353, 354, 355, 356, 357, 358, 359; Monica Edwards, 243–266; Tuko Fujisaki, 10, 11; Annie Gusman, 136, 137, 290; Darrin Johnston, 291; Roseanne Litzinger, 164, 165; Clarence Porter, 38, 39, 73; Jackie Snider, 268, 269; Peggy Tagel, 74, 75; Richard Jesse Watson, 272, 273.